2021
数字贸易发展研究

——

Research on
the Development of Digital
Trade in 2021

刘 玲 ◎ 著

ZHEJIANG UNIVERSITY PRESS
浙江大学出版社
· 杭州 ·

前　言

　　近年来,全球主要经济体普遍将数字贸易作为国家发展规划编制、政策法规制定、对外经贸合作和参与国际规则制定的重点。数字化赋能下的新业态、新应用正在改变传统贸易的形态和路径,数字贸易不断拓展着贸易边界,日益成为经济高质量发展的新动能。2021年9月2日,国家主席习近平在2021年中国国际服务贸易交易会全球服务贸易峰会上发表视频致辞,提出打造数字贸易示范区。① 数字贸易带动全球创新链、产业链和价值链不断整合优化,为全球数字经济发展带来重要机遇,但同时也衍生出数据安全、规则壁垒等挑战,需要全球积极应对,共商共享。

　　数字贸易主要分为数字服务贸易和跨境电子商务。2020年全球数字服务出口规模达到3.17万亿美元,全球跨境电商交易规模突破1万亿美元,数字贸易正成为全球贸易发展的重要趋势。当前,建立完善的数字贸易发展制度框架是国际贸易领域最重要的新兴议题,关注焦点主要在跨境数据流动、数字税收、数字知识产权保护、数字人民币与数字交付、数字贸易平台监管治理、跨境电商便利化以及数字贸易测度、跨境电商消费者权益保护等领域。

　　浙江高度重视数字贸易发展,充分发挥开放大省、市场大省和数字经济先发优势,推动打造全球数字贸易中心,构建数字贸易发展"458"系统架构:立足四大发展定位,把握五大实现路径,聚焦八项重点工作,力争实现规则

---

① 习近平. 在2021年中国国际服务贸易交易会全球服务贸易峰会上的致辞. 人民日报, 2021-09-03(2).

重塑、价值重塑和优势重塑。为进一步推动数字贸易发展,浙江在数字贸易领域开展数字化改革,已经涌现出"数字贸易服务在线""服务贸易驾驶舱""数智通关""一键找订单"等多跨场景应用成果。浙江以自贸试验区为重要载体,深入开展数字自贸区建设,为加快推动贸易数字化转型,提高数字规则话语权,打造全球数字变革高地提供重要动力。

在此背景下,浙江省商务研究院编写《2021数字贸易发展研究》,在厘清数字贸易概念内涵、发展现状的基础上,分析数字贸易发展趋势,对数字贸易重点议题进行专题研究,结合浙江打造全球数字贸易中心、开展数字贸易领域数字化改革、建设数字自贸区具体举措,为推动数字贸易发展、完善数字贸易治理体系提供新的思路。

目　录

第一篇　发展概况

第二篇　专题研究

第三篇　浙江实践

第一篇　发展概况

第一章　数字贸易内涵与特征

第一节　数字贸易概念界定

目前,全球尚未形成统一的数字贸易概念,不同国际组织、主要经济体对数字贸易界定的视角、内涵和外延存在一定差异。随着数字经济和数字技术的不断发展,数字贸易的外延也在不断丰富拓展。

一、国际视角

数字贸易涉及范围广,各国政府大多立足自身发展阶段、优势领域和商业路径等来界定数字贸易的概念。早期的数字贸易研究主要基于电子商务框架展开,是电子商务概念的发展和延伸。

世界贸易组织(WTO)并未严格区分电子商务和数字贸易概念。数字贸易是全球化和数字经济发展到一定阶段的产物,早期的表现形式主要为电子商务。1998 年,WTO 启动电子商务计划,将电子商务定义为"通过电子方式生产、分销、营销、销售或交付货物和服务",为数字贸易的发展奠定基础。WTO 对数字贸易规则的讨论通常在电子商务框架下进行,并未严格区分两者概念,可以认为,数字贸易是跨境电子商务的数字化拓展。

美国最早提出数字贸易概念。2013 年,美国国际贸易委员会(USITC)在《美国与全球经济中的数字贸易》第一次报告中正式提出数字贸易概念,认为数字贸易是"通过固定线路或无线数字网络交付的产品和服务"。2014 年,在第二次报告中进一步强调数字技术在数字贸易中的重要作用,认为数字贸易是"互联网以及基于互联网的技术在产品和服务的订购、生产或交付中扮演重要角色的国内和国际贸易"。2017年，美国贸易代表办公室（USTR）再次扩大了数字贸易外延，将全球价值链、智能产业以及相关平台和技术应用纳入数字贸易领域，扩充了数字贸易的服务内容。相较而言，美国数字贸易的外延更为宽泛。

2015年，联合国贸易和发展会议（UNCTAD）将电子商务定义为通过计算机网络进行的购买和销售行为，涉及搭配实物商品以及以数字方式提供的无形（数字）产品和服务。

欧盟从监管角度进一步丰富了数字贸易涵盖的内容。欧盟认为数字贸易是通过电子技术实现的商业，发生在经济的各个领域。除基本的数字化产品与服务外，还将网络竞争、数据保护及隐私条款等内容填充到数字贸易范畴，更加注重监管功能，进一步丰富了数字贸易的内涵。

经济合作与发展组织（OECD）从统计角度探讨数字贸易的概念框架。为应对数字贸易和可比数据日益增长的需求，2019年OECD、WTO和国际货币基金组织（IMF）共同发布《数字贸易测度手册》，认为数字贸易概念框架由"以数字方式订购"和"以数字方式交付"两大模式组成。由于互联网的自由化、开放性等特点，不同国家对数字贸易的经营范围以及具体内容的理解各不相同，各方对数字贸易的概念界定尚不统一，但在本质内涵上趋于一致（见表1-1）。

表 1-1　国际组织和主要经济体的数字贸易内涵演变

年份	对象	内涵及外延
1998	世界贸易组织（WTO）	采用"电子商务"概念，将其定义为"通过电子方式生产、分销、营销、销售或交付货物和服务"
2013	美国国际贸易委员会（USITC）	指通过固定线路或无线数字网络交付的产品和服务。内容包括：①数字化交付内容，如音乐、游戏；②社交媒体，如社交网络网站、用户评价网站等；③搜索引擎；④其他数字化产品和服务，如软件服务、在云端交付的数据服务等
2015	联合国贸易和发展会议（UNCTAD）	将电子商务定义为通过计算机网络进行的购买和销售行为，涉及搭配实物商品以及以数字方式提供的无形（数字）产品和服务
2016	欧盟（EU）	指通过电子技术实现的商业。核心主张包括电子交易产品免关税、数据流动和禁止数据本地化要求、电子商务与电子签名合同规定、保护软件源代码、加强合作与监管对话等方面

年份	对象	内涵及外延
2017	美国贸易代表办公室(USTR)	指通过固定线路或无线数字网络交付的产品和服务,既包含互联网产品销售和在线服务的供应,也涵盖实现全球价值链的数据流、智能制造的数字服务以及其他平台和应用
2019	经济合作与发展组织(OECD)等《数字贸易测度手册》	指所有以数字方式订购和以数字方式交付的国际交易。其中,数字方式订购被定义为以计算机网络为接收或下单的方法而进行的一种货物或服务的国际交易。数字方式交付指使用专门的计算机网络以电子格式远程交付的国际交易
2021	欧盟委员会(EC)	指通过电子手段实现的商品或服务贸易,包括:纯数字的贸易,如在线视频、音乐;仅部分数字化的贸易,如通过网络购买实体图书

二、中国视角

中国的数字贸易研究最初引述 USITC 研究报告的定义,近年来随着数字贸易的创新探索加速,数字经济和数字贸易的研究愈发深入,我国紧跟全球数字贸易发展趋势,立足自身数字贸易实践和跨境电商优势,形成了更具中国特色的数字贸易概念。

2019 年,中国信息通信研究院发布《数字贸易发展与影响白皮书》,将数字贸易分为两大类:一是基于信息通信技术开展的线上宣传、交易、结算等促成的实物商品贸易,二是通过信息通信网络(语音和数据网络等)传输的数字服务贸易,具有贸易方式数字化和贸易对象数字化两大特征。

2020 年,中国国际服务贸易交易会期间,商务部等相关部门在公开场合首次探讨数字贸易概念,认为数字贸易是采用数字技术进行研发、设计、生产,并通过互联网等现代信息技术手段为用户交付的产品和服务,是以数字服务为核心、数字交付为特征的贸易新形态。从具体领域看,包括信息和技术服务、数字内容服务、互联网交付的离岸服务外包等。

总结来说,数字贸易可分为广义与狭义两种界定,区别在于前者包括了通过信息通信技术和数字方式交易的实体货物或商品,后者则主要限定在服务贸易中可数字化的部分,即强调贸易的交付模式为数字交付,剔除了大多数实物商品贸易,例如在线订购的实物商品以及通过 CD 或 DVD 出售的书籍、软件、音乐、电影等数字化的实体商品。目前,浙江省数字贸易统计口径采用广义的数字贸易概念。

本书认为,数字贸易是以数字订购和数字交付为主要实现方式的数字货物贸易、数字服务贸易和跨境数据要素贸易的总和,主要形式是数字服务贸易和跨境电子商务。数字贸易依托信息网络和数字技术,在跨境研发、生产、交易和消费活动中产生,以数字平台为重要载体,高度依赖数据跨境流动,广泛渗透到国际经贸各行业、各领域、各环节(见表 1-2)。

表 1-2   数字贸易概念辨析

概念	联系与区别	解释说明
数字贸易与传统贸易	数字贸易在传统贸易开展过程中将信息技术深入融合渗透各个环节。与传统贸易相比,数字贸易在贸易内容、贸易方式等方面均具有新型特征	在贸易标的上,传统贸易主要以货物和商品为标的,而数字贸易的交易标的相对复杂,既涵盖电子商务平台交易的传统实体货物,还包括通过互联网等数字化手段传输的数字产品与服务;在贸易方式上,传统贸易需要固定的交易场所、纸质单据等实体文件、通过海上运输等方式,而数字贸易具有互联网平台交易、电子化交易过程、数字化递送方式等特点;在效率和成本上,数字贸易极大降低了信息和边际成本,打破交易的时空限制,在跨境支付方面提供极大的便利
数字贸易与服务贸易	并非所有的服务贸易都属于数字贸易。可数字化的服务贸易是数字贸易,信息技术离岸外包服务是数字贸易	商务部《国际服务贸易统计监测制度》将服务贸易分为运输,旅行,建筑,保险,金融,电信、计算机和信息服务,知识产权使用费,个人、文化和娱乐服务,维护和维修服务,加工服务,其他商业服务,政府服务 12 个领域。根据 UNCTAD《ICT 服务贸易和 ICT 赋能服务贸易》报告,12 类细分服务贸易中有 6 类涉及可数字交付的服务贸易(即数字服务贸易),分别为保险、金融、知识产权服务、ICT 服务(包含电信计算机和信息服务)、其他商业服务、个人文娱服务
数字贸易与跨境电商	数字贸易是跨境电子商务未来发展的高级形态。跨境电子商务是数字贸易的有机组成部分	目前跨境电子商务处于数字贸易的初级阶段,具有平台化、全球化、数字化和个性化等特征,正在逐步完善和成熟。数字贸易在货物和服务交易活动基础上,进一步强调大数据、云计算等新型数字技术与传统产业的融合发展,不断拓展跨境电子商务的业务内涵,致力于提高跨境电子商务的运营能力和运营效率,将传统产业的数字化、智能化升级作为最终目标

概念	联系与区别	解释说明
数字贸易与数字服务贸易	数字服务贸易是数字贸易的重要组成部分,既包括传统服务产业的数字化,也包括数字技术迭代后所催生的全新经济模式或业态,即数字产业化	根据商务部服贸司《中国数字服务贸易发展报告2018》,数字服务贸易包含于数字贸易,可以认为数字服务贸易是剔除了货物贸易数字化的数字贸易。数字技术是数字服务贸易赖以实现的载体,数字技术的涌现和渗透将传统服务嵌入不同的数字化载体,实现交付和销售。主要国家和国际组织对数字服务贸易的界定也包含于数字贸易中,如《国际服务贸易统计手册》中定义数字贸易为通过线上订货的有形和无形商品交易,其中无形商品数字贸易即指数字服务贸易

第二节 数字贸易发展特征

相较传统贸易,数字贸易的最主要特征在于贸易方式数字化和贸易对象数字化。其中,贸易方式的数字化是指信息技术与传统贸易开展过程中各个环节深入融合渗透,如电子商务、线上广告、数字海关、智慧物流等新模式和新业态对贸易的赋能,从而带来贸易效率的提升和成本的降低,表现为传统贸易方式的数字化升级;贸易对象的数字化是指数据和以数据形式存在的产品和服务贸易,包括研发、生产和消费等基础数据,影音、软件等数字产品,以及线上提供的教育、医疗、社交、云计算、人工智能等数字服务,表现为贸易内容的数字化拓展(见图1-1)。

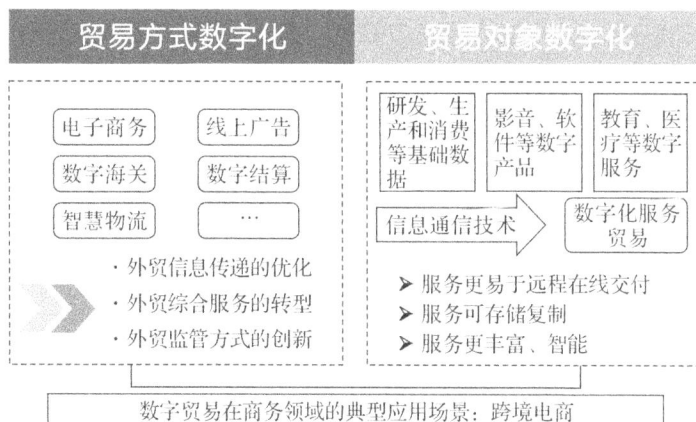

图1-1 数字贸易发展两大维度

具体而言,数字贸易的突出特征表现为以下四个方面:

一是以信息通信技术(ICT)为技术支撑。据 UNCTAD 统计,2020 年全球 ICT 服务出口规模占服务贸易出口的 14.11%,较 2019 年同期上升 3.76 个百分点。以 5G、云计算、大数据、区块链等 ICT 技术为引领的新一轮科技革命不断推动数字贸易的蓬勃发展,不仅拓展了数字贸易的标的范围,同时提升了数字贸易的交易效率。

二是以平台和平台服务体系为载体支撑。根据 UNCTAD 发布的《数字经济报告(2019)》,过去 10 年,全球范围内出现了大量基于数据驱动发展模式的数字平台,如亚马逊、阿里巴巴、谷歌等。平台化运营是互联网企业的主要商业模式,平台服务范围不受地域限制,通过跨国经营活动可以获取全球数据资源和用户流量。

三是以安全有序的跨境数据流动为媒介。一方面,跨境数据流动使得全球经贸交易、技术交流、资源分享等跨国合作日益频繁,为不同国家间经济主体信息传递提供支持,从而推动服务流、资金流向更低成本、更高效率方向发展。另一方面,跨境数据流动促进了数字服务贸易的发展,使得搜索引擎、社交媒体等以数据流动为基础的新业态成为国际贸易的重要组成部分。

四是以知识产权保护为重要保障。在数字经济时代,传统产业大规模数字化趋势明显,数字内容与服务的传播和扩散对相关知识产权保护提出了更高的要求,尤其是日益频繁的跨境数据流动带来的隐患。如何有效保护数据信息产权人利益,防范数据、算法、商业秘密等被窃取,成为数字贸易发展的监管难题。

第二章　数字贸易发展现状

后疫情时代,全球进入数字经济发展快车道,数字贸易作为数字经济的重要组成部分,正成为全球贸易发展的重要趋势,基于数字技术开展的线上研发、设计、生产、交易等活动日益频繁,极大地促进了数字贸易的发展。根据本书对数字贸易的概念界定,数字贸易主要分为数字服务贸易和跨境电子商务,因此本章主要从以上两方面进行分析。

第一节　全球发展概况

一、数字服务贸易

数字服务贸易规模稳步增长。根据联合国贸易和发展会议数据库(UNCTADstat),全球数字服务出口总额由 2005 年的 1.20 万亿美元增长至 2020 年的 3.17 万亿美元,年均增长 6.69%。数字服务贸易在全球服务贸易中的比重不断攀升,由 2005 年的 44.73% 上升至 2020 年的 63.55%,主导地位日益突出。疫情加速了传统服务贸易的数字化转型和新型数字产业发展,为全球服务贸易发展注入新动能(见图 2-1)。

数字服务贸易增速领先优势显著。总体而言,服务贸易和数字服务贸易增速发展趋势一致,但数字服务贸易抗冲击能力更强,增速波动范围最小。2020 年受新冠肺炎疫情冲击,全球货物贸易、服务贸易需求大幅萎缩,但数字服务贸易展现出强劲韧性,出口同比下降 1.78%,受疫情冲击程度显著低于服务贸易(同比下降 19.96%)和货物贸易(同比下降 7.36%),成为驱动全球贸易增长的新引擎(见图 2-2)。

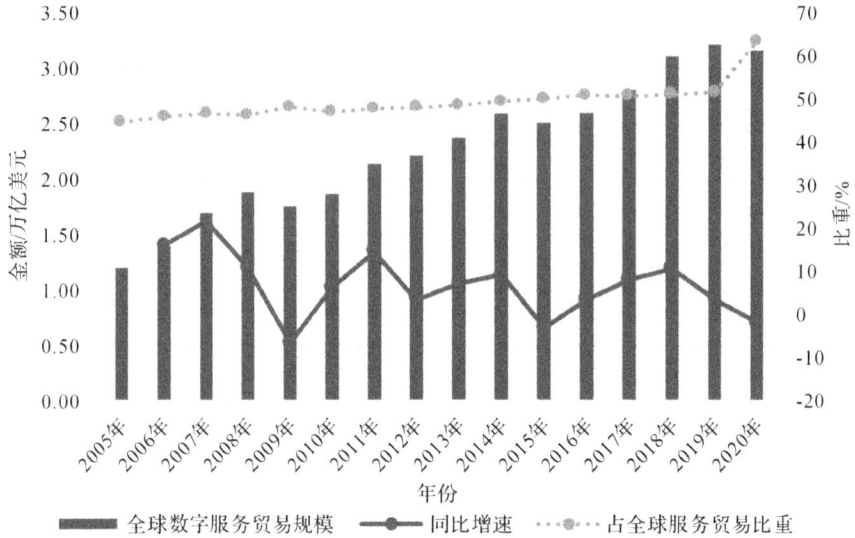

图 2-1   2005—2020 年全球数字服务贸易规模、增速及占比

数据来源:UNCTADstat。

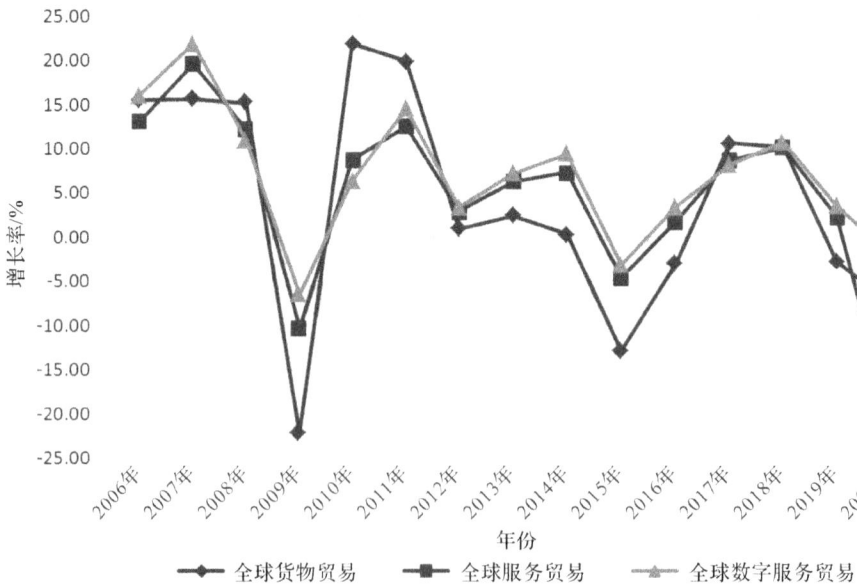

图 2-2   全球货物贸易、服务贸易和数字服务贸易的增长率变化

数据来源:UNCTADstat。

ICT 服务贸易主体地位凸显。根据《数字贸易发展与合作报告 2021》，2020 年数字服务贸易细分行业按出口规模大小排序依次为：其他商业服务、ICT 服务、金融服务、知识产权服务、保险服务、个人文娱服务（见图 2-3）。其中，ICT 服务规模达 7037.40 亿美元，在数字服务贸易中的比重由 2011 年 16.80% 上升至 2020 年 22.20%，是唯一占比扩大的细分领域，持续引领数字服务贸易发展。随着人工智能、5G、物联网等技术的融合进步，ICT 技术与工业、医疗、农业、交通等传统行业深度融合，影响力日益广泛。

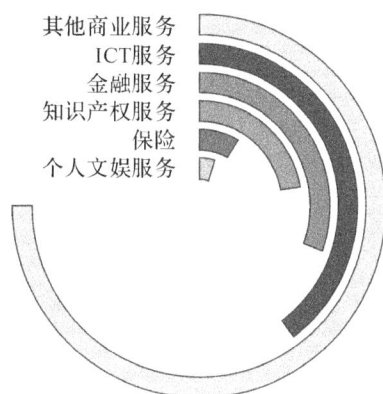

图 2-3 2020 年数字服务贸易细分行业占比情况

数据来源：UNCTADstat 和中国信通院《数字贸易发展与合作报告 2021》。

欧美等发达经济体在数字服务贸易市场中占据主导地位。得益于苹果、谷歌、亚马逊、微软等超大型跨国科技企业，2020 年美国数字服务贸易进出口总额为 8607.90 亿美元，排名全球第一。在规模排名前十国家中，发展中国家仅占 2 席，分别为中国和印度。

数字服务贸易集中度较高，2020 年规模排名前十国家的数字服务出口、进口国际市场占有率分别达 66.10%、51.80%。

二、跨境电子商务

新冠肺炎疫情催生"宅经济",推动全球跨境电商快速发展。根据 UNCTADstat,2019 年全球前十大货物贸易出口国的 B2C(零售)跨境电商销售额为 4400 亿美元,同比增长 9%,高于 2018 年增速 2 个百分点。全球跨境电子商务发展潜力巨大,2019 年全球线上购物人数近 15 亿,较 2018 年同比增长 7%,2017 年至 2019 年,跨境网购人数占网购总人数的占比由 20% 上升至 25%。

中国和美国居于全球电子商务领先地位,分别在电子商务 B2C 和 B2B(企业对企业)中位列全球第一,集聚了全球电子商务头部企业。总体来看,发达经济体在全球电子商务中优势地位突出,发展中经济体电子商务加速发展,2020 年十大电子商务销售额(B2C)国家中,发达国家占据 9 席,中国是唯一的发展中经济体。

第二节　中国发展概况

在国家政策的积极引导下,我国高度重视数字经济带来的发展机遇,各部门努力构建良好的数字贸易发展环境,在贸易便利化、平台搭建等方面加大数字贸易管理和制度建设,数字贸易政策体系不断完善,数字贸易规模和增速位于世界前列。双循环新发展格局下,发展数字贸易、开展数字贸易国际合作,既是我国推进供给侧结构性改革实现新旧动能转换的重要方式,也是加快促进国内国际双循环,建设更高水平开放型经济新体制的战略选择(见表 2-1)。

表 2-1　我国数字贸易的政策和相关文件

	年份	文件	核心内容
数字贸易宏观部署	2016	《电子商务"十三五"发展规划》	赋予电子商务服务经济增长与社会发展的双重目标和任务。以创新、协调、绿色、开放、共享为发展理念,围绕全面建成小康社会为目标的创新电子商务民生事业为主线
	2019	《关于推进贸易高质量发展的指导意见》	加快数字贸易发展,提升贸易数字化水平。推动企业提升贸易数字化和智能化管理能力。积极参与全球数字经济和数字贸易规则制定
	2020	《关于推进对外贸易创新发展的实施意见》	加快贸易数字化发展,鼓励企业向数字服务和综合服务提供商转型。支持企业不断提升贸易数字化、智能化管理能力。建设贸易数字化公共服务平台
	2020	《全面深化服务贸易创新发展试点总体方案》	大力发展数字贸易,完善数字贸易政策,优化、数字贸易包容审慎监管,探索数字贸易管理和促进制度,探索构建数字贸易国内国际双循环相互促进的新发展格局,积极组建国家数字贸易专家工作组机制
	2021	《"十四五"服务贸易发展规划》	完善数字贸易促进政策,加强制度供给和法律保障。积极探索数据贸易,逐步形成较为成熟的数据贸易模式。建立数字贸易统计监测体系、加强国家数字服务出口基地建设、布局数字贸易示范区、加强数字领域多双边合作
国际数字贸易合作倡议	2016	《二十国集团数字经济发展与合作倡议》	提出七项发展合作共同原则及具体行动方案
	2017	《"一带一路"数字经济国际合作倡议》	促进数字化转型、促进电子商务合作、支持互联网创新、提升中小微企业发展、加强数字化技能培训、促进信息通信技术领域投资、推动城市间数字经济合作、提高数字包容性、推进国际化合作及鼓励促进合作并尊重自主发展道路

续表

	年份	文件	核心内容
浙江数字贸易支持政策	2018	《浙江省数字经济五年倍增计划》	加快建设以数字贸易为标志的新型贸易中心。推动跨境电子商务、新零售等创新发展、领跑全国。参与数字贸易规则与标准制定,推动世界电子贸易平台(eWTP)建设,打造全球电子商务核心功能区和"21世纪数字丝绸之路"战略门户
	2020	《浙江省数字贸易先行示范区建设方案》	到2022年,浙江要初步建成数字贸易规模较大竞争力较强、数字产业集聚、数字内容丰富、数字贸易便利、辐射带动突出的数字贸易先行示范区。到2025年,打造与国际接轨,具有浙江特色的数字贸易发展机制、监管模式和营商环境,初步建成全球数字贸易中心
	2021	《浙江跨境电子商务高质量发展行动计划》	加快推进跨境电子商务供应链智慧化、贸易便利化和服务优质化。大力支持跨境电子商务平台发展,支持数字化营销,打造自主国际新品牌
	2021	《浙江省数字经济发展"十四五"规划》	到2025年,建成全球数字贸易中心。推进传统贸易数字化,加快在线交易、数字支付和智慧供应链等平台集聚,推动贸易规则、标准、纠纷调处等制度创新,优化数字贸易生态,数字贸易进出口总额达到1万亿元

一、数字服务贸易

数字服务贸易规模持续扩大。根据 UNCTAD 口径测算,2020 年我国可数字化交付的服务贸易规模达 2947.60 亿美元,同比增长 8.30%,较"十三五"初期提高 3.70 个百分点。十年来数字服务贸易规模基本实现翻番,除 2017 年外,我国数字服务贸易发展增速均高于全球平均水平,国际竞争力日益提升。2020 年在新冠肺炎疫情冲击下,我国数字服务贸易增速高于全球约 10.1 个百分点,展现出较强的抗冲击能力(见表 2-2)。

表 2-2　"十三五"时期中国数字服务贸易发展情况及全球占比

		2015 年	2016 年	2017 年	2018 年	2019 年	2020 年
全球	规模/亿美元	25158.4	26013.1	28145.3	31159.3	32251.4	31675.9
	增速/%		3.40	8.20	10.71	3.50	−1.78
中国	规模/亿美元	2000.0	2092.0	2079.5	2561.8	2722.1	2947.6
	增速/%		4.60	−0.60	23.20	6.30	8.30
中国数字服务贸易全球占比/%		7.94	8.05	7.40	8.21	8.43	9.30

数据来源：UNCTAD stat、商务部服贸司。

数字服务贸易在服务贸易中的占比持续提升。近年来,我国积极抢抓数字贸易发展机遇,数字服务贸易规模快速增长,在服务贸易中的比重稳步提升,由 2015 年的 30.60％提高至 2019 年的 34.70％。2020 年受新冠肺炎疫情影响,我国传统服务贸易大幅下降,数字贸易逆势而上,占服务贸易的比重高达 44.50％,同比提高了 9.80 个百分点,成为优化服务贸易结构的重要力量。

数字服务贸易全球地位持续攀升。2020 年,我国数字服务贸易规模在 105 个国家中排名第五,较 2019 年同期上升两位,十年来首次跻身全球前五强。数字服务贸易规模在全球的比重不断提高,由 2015 年 7.94％提高至 2020 年的 9.30％(见图 2-4),发展潜力巨大。随着互联网、大数据、云计算等数字科技的加速创新,中国数字经济呈现蓬勃发展的良好态势,中国作为数字贸易大国的地位正在逐步巩固。

数字贸易新业态不断涌现。5G、物联网、云计算、大数据、人工智能等新一代数字技术加快推广应用,为金融、旅游、文化、教育、医疗等服务贸易提供更多的数字化解决方案,如在线出境游、数字音乐、数字文学等。新业态、新模式的不断涌现成为推动传统贸易转型升级、国际贸易增长的核心力量和发展方向。

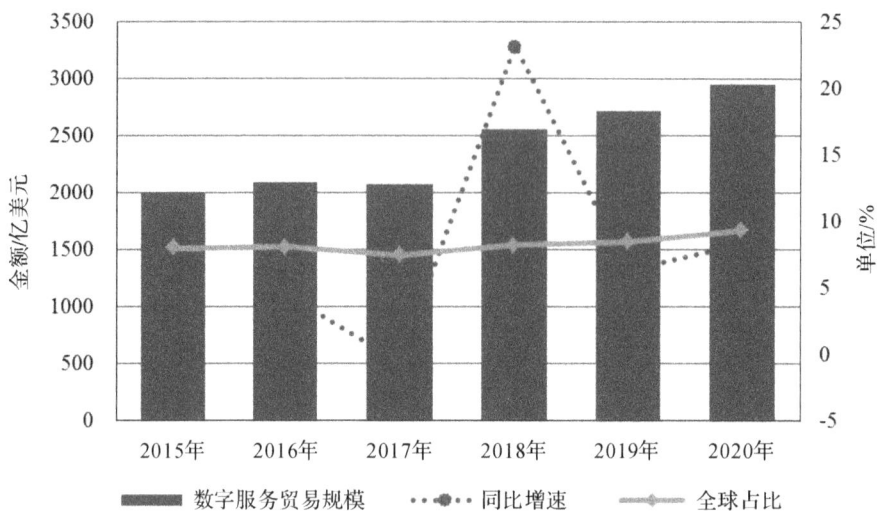

图 2-4　2015—2020 年中国数字服务贸易规模、增速及全球占比
数据来源：UNCTADstat、商务部服贸司。

二、跨境电子商务

跨境电商规模保持高速增长。据海关初步统计,2020 年中国跨境电商进出口额达 1.69 万亿元,按可比口径计算同比增长 31.10%(见图 2-5),其中,出口额为 1.12 万亿元,增长 40.10%;进口额为 0.57 万亿元,增长 16.50%,是全球跨境电子商务零售额最大的经济体。作为新兴贸易业态,跨境电商凭借线上化、非接触式交货、交易链条短等优势,成为稳外贸的重要力量、拉动"双循环"新格局的关键纽带。

跨境电商平台模式不断创新。截至 2022 年 2 月,全国跨境电子商务综合试验区(简称跨境电商综试区)扩容至 132 个,通过制度创新、管理创新和服务创新,在跨境电商交易、支付、通关等环节的业务流程、监管模式和信息化建设方面先行先试。2020 年海关总署创新开展跨境电商 B2B 出口试点,增设"9710""9810"贸易方式,并在北京等 22 个直属海关开展试点,将跨境电商监管创新成果从 B2C 推广到 B2B 领域,并实施便利通关配套措施。

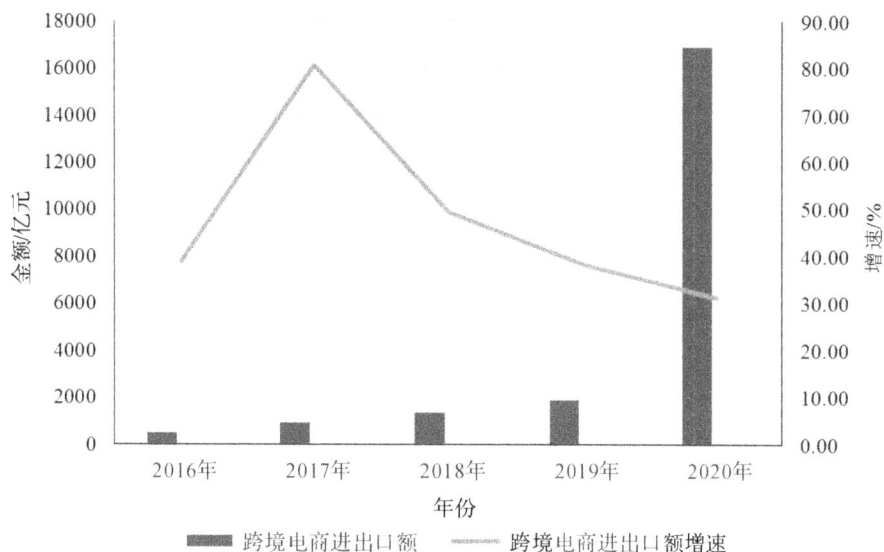

图 2-5 2015—2020 年中国跨境电子商务规模及增速

数据来源：商务部 2019—2020 年《中国电子商务报告》。

跨境电商渠道不断丰富。随着大型跨境电商平台流量红利减弱，企业加速创新业务模式，跨境电商渠道日渐多元化。一方面，跨境电商独立站逐渐兴起，流量碎片化趋势、建站工具不断成熟等因素推动越来越多的企业投入独立站建设。另一方面，短视频平台、直播平台、境外社交媒体等相继推出电商功能，吸引境内跨境电商企业入驻。同时，在新冠肺炎疫情背景下，线上线下融合的"云展会"平台创新发展，助力外贸企业获得境外订单，为未来跨境电商发展创造新赛道。

跨境电商市场格局多元化。2020 年中国跨境电商零售进口来源地排名前十的国家（地区）分别为中国香港、日本、韩国、美国、澳大利亚、荷兰、新西兰、德国、西班牙、英国。跨境电商零售出口目的地排名前十的分别为马来西亚、美国、新加坡、英国、菲律宾、荷兰、法国、韩国、中国香港和沙特阿拉伯，相较 2016 年更新了马来西亚、新加坡、菲律宾等 6 个国家，贸易伙伴日益多元化。

跨境电商区域格局东强西弱。从规模看，东部沿海地区处于领先地位。2020 年，中国跨境电商零售进出口排名前五的省份分别为广东、浙江、河南、福建和湖南,规模远超其他省份,东西部地区发展差距明显。从增速看,中西部地区跨境电商增速领跑全国。跨境电商零售进出口增速排名前省份为青海、贵州、江西、甘肃和新疆,区域分布不断优化。

第三节　浙江发展概况

近年来,浙江省将发展数字经济作为"一号工程",立志打造全球数字贸易中心,并于 2020 年 10 月发布《浙江省数字贸易先行示范区建设方案》,进一步巩固先发优势。2020 年,浙江省数字贸易进出口总额 3194.50 亿元,同比增长 29.49%。其中数字服务贸易进出口 1807.40 亿元,同比增长 27.69%,跨境电商进出口 1387.10 亿元,同比增长 31.92%。

一、数字服务贸易

从规模看,数字服务贸易快速增长。根据商务部服务贸易司《数字服务贸易统计口径表》,2020 年浙江省数字服务贸易进出口总额 1807.39 亿元,同比增长 27.69%,增速高于全国水平 19.41 个百分点。其中,出口 1003.04 亿元,同比增长 19.24%,进口 804.36 亿元,同比增长 44.45%,数字服务进出口基本保持平衡(见表 2-3)。

表 2-3　2020 年浙江省数字服务贸易发展规模(分行业)

项目名称	进出口			出口		进口	
	金额/亿元	占服务贸易比重/%	同比/%	金额/亿元	同比/%	金额/亿元	同比/%
总计	1807.39	42.76	27.69	1003.04	19.24	804.36	44.45
保险服务	5.25	0.12	−36.57	3.89	−33.52	1.36	−23.47
金融服务	61.87	1.39	47.93	59.23	62.20	2.64	−25.18
电信、计算机和信息服务	1319.65	31.14	29.67	601.59	10.93	718.06	54.26

续表

项目名称	进出口			出口		进口	
	金额/亿元	占服务贸易比重/%	同比/%	金额/亿元	同比/%	金额/亿元	同比/%
知识产业使用费（复制或分销视听及相关产品许可费）	10.30	0.25	16.56	2.27	116.47	8.03	3.09
个人、文化和娱乐服务	141.57	3.18	14.45	131.62	26.91	9.95	−33.04
其他商业服务（专业和管理咨询服务）	268.74	6.68	24.90	204.43	34.71	64.31	1.44

数据来源：浙江省外汇管理局、商务部服务贸易统计监测系统统一平台。

从行业看，电信、计算机和信息服务主体地位突出。浙江数字服务贸易涉及电信、计算机和信息、专业管理咨询、文化服务、金融服务等新兴服务行业，其中以软件研发、集成电路和电子电路设计服务、大数据服务为代表的电信计算机信息服务占据绝对优势地位。2020年，浙江电信、计算机和信息服务（ICT）进出口额为1319.65亿元，占数字服务贸易总额的73.01%，分别高于全球和全国平均水平50.81、34.81个百分点。其他商业服务（专业和管理咨询服务）规模位居第二，2020年进出口额达268.74亿元，占比14.87%（见图2-6）。

从各市看，杭州数字服务贸易领先优势明显，各市差距悬殊。2020年，杭州数字服务贸易进出口额为1695.51亿元，占全省93.81%，领头雁作用显著。杭州拥有全国首批数字服务出口基地杭州高新区（滨江）物联网产业园，集聚吉利、海亮、海康威视、大华技术、阿里云计算等一批具有国际竞争力和行业领导力的数字服务贸易领军企业。数字化服务外包和技术贸易的规模不断扩大，创新推出"网展贸"服务新模式，实现贸易展会线上化，成为浙江数字服务的龙头担当。宁波位居全省第二，数字服务贸易进出口额为60.58亿元，占全省数字服务贸易3.35%。而嘉兴、金华等其他各市占比较小，数字服务贸易发展尚处于起步阶段（见表2-4）。

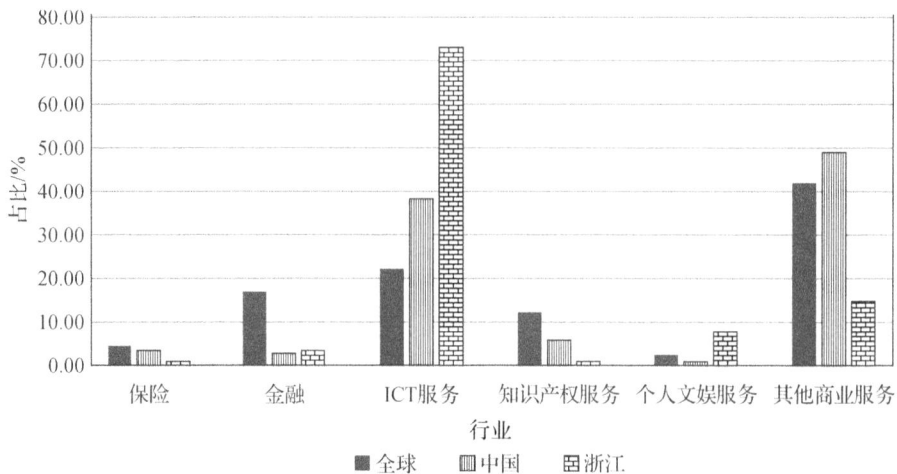

图 2-6   2020 年全球、中国及浙江数字服务贸易细分行业比重对比

数据来源:《数字贸易发展与合作报告 2021》。

表 2-4   2020 年浙江省数字服务贸易发展规模(分地市)

地区	进出口		出口		进口	
	金额/亿元	占比/%	金额/亿元	占比/%	金额/亿元	占比/%
浙江	1807.39	100	1003.04	100	804.36	100
杭州	1695.51	93.81	924.07	92.13	770.03	95.71
宁波	60.58	3.35	46.64	4.65	15.03	1.76
温州	4.88	0.27	2.01	0.20	2.81	0.33
嘉兴	11.25	0.62	5.49	0.55	5.70	0.83
湖州	4.53	0.25	2.91	0.29	1.65	0.23
绍兴	4.53	0.25	2.11	0.21	2.39	0.31
金华	18.53	1.03	16.12	1.61	2.90	0.37
衢州	0.83	0.05	0.60	0.06	0.24	0.03
舟山	1.55	0.09	0.98	0.10	0.58	0.07
台州	4.60	0.25	1.76	0.18	2.78	0.33
丽水	0.60	0.03	0.37	0.04	0.24	0.03

数据来源:浙江省外汇管理局、商务部服务贸易统计监测系统统一平台。

二、跨境电子商务

近年来,浙江深入贯彻落实党的十九大精神和国务院关于加快跨境电商发展系列重要决策部署,抢抓贸易数字发展机遇,充分发挥浙江数字经济先发优势,全面推动跨境电商高质量发展。2020年,浙江跨境电商在疫情下实现逆势增长,销售规模不断扩大、产业集聚效应显著、配套体系不断完善、改革试点成效显现,跨境电商发展水平居全国前列。

从规模上看,浙江跨境电商高速发展。2020年,浙江实现跨境网络B2C进出口1387.10亿元,同比增长31.92%,其中出口1023亿元,同比增长31.64%,进口364.10亿元,同比增长32.69%(见表2-5)。在网络零售总额(电子商务)中的占比不断提高,由2016年的3.92%上升至2020年6.14%。跨境网络零售的发展有力缓解了新冠疫情对进出口的冲击,通过向国际市场消费者提供医疗器械、纺织服装、运动器材等产品,带动外贸稳定增长(见图2-7)。

表 2-5　2016—2020 年浙江跨境电子商务出口、进口规模

类别	2016 年	2017 年	2018 年	2019 年	2020 年
跨境零售总额/亿元	403.59	603.90	810.40	1051.50	1387.10
出口额/亿元	319.26	438.10	574.40	777.10	1023
出口额增速/%		37.20	31.10	35.30	31.64
进口额/亿元	84.33	165.8	236	274.40	364.10
进口额增速/%		96.60	42.30	16.30	32.69
在电子商务总额中的占比/%	3.92	4.53	4.85	5.32	6.14

数据来源:2016—2020 年《浙江省电子商务发展报告》。

从平台上看,跨境电商综试区建设持续深化。杭州、宁波海关入选跨境全国首批电商 B2B 出口"9710""9810"监管方式试点。浙江实现跨境电商交易模式地区"全覆盖",2022 年 1 月,国务院批复在 27 个城市和地区设立跨境电子商务综合试验区,金华、舟山入选。至此,全省 11 个地市已有 12 个跨境电商综试区,全部地市均建立与跨境电商交易模式相适应的海关监

管与检验检疫体系,并形成支付、物流、退换货等支撑体系,跨境电商交易模式实现"全覆盖"。

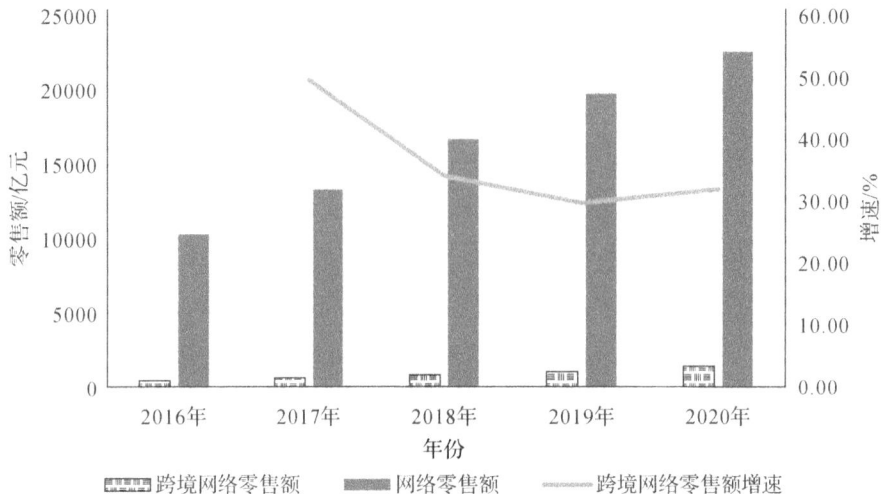

图 2-7   2016—2020 年浙江跨境电子商务发展规模

数据来源:2016—2020 年《浙江省电子商务发展报告》。

从地区看,金华、杭州、宁波跨境电商零售出口额居全省前三,分别占全省跨境网络零售出口的 46.40%、23.10%、11.70%。杭州是全国首个跨境电子商务综合试验区,宁波网购保税进口和海外仓出口规模居全国首位,金华(义乌)邮政和快递业务量居全国城市第一,在全国率先开展公共海外仓培育工作,海外智慧物流平台——浙江海外仓服务在线——被商务部在第130 届广交会上作为全国贸易数字化应用场景样板向全球发布。随着第四、第五批综试区逐渐设立,其他各市开始进入"加速"跑道,湖州、嘉兴、绍兴网络零售在 2020 年出现高速增长,同比增速分别为 95%、74%、60%,综试区成为推动浙江跨境电商发展的主引擎。

第三章　数字贸易重点议题

当前，数字贸易规则谈判已成为国际经济秩序重构的重要内容，建立完善的数字贸易发展制度框架是国际贸易领域最重要的新兴议题。综合WTO电子商务谈判、RCEP(区域全面经济伙伴关系协定)、CPTPP(全面与进步跨太平洋伙伴关系协定)、DEPA(数字经济伙伴关系协定)等高标准国际经贸规则，数字贸易关键议题主要包括跨境数据流动、数字经济税收、数字知识产权保护、数字人民币与数字交付、数字贸易平台监管治理、跨境电商便利化、数字贸易测度和跨境电商消费者权益保护等八个方面(见图 3-1)。

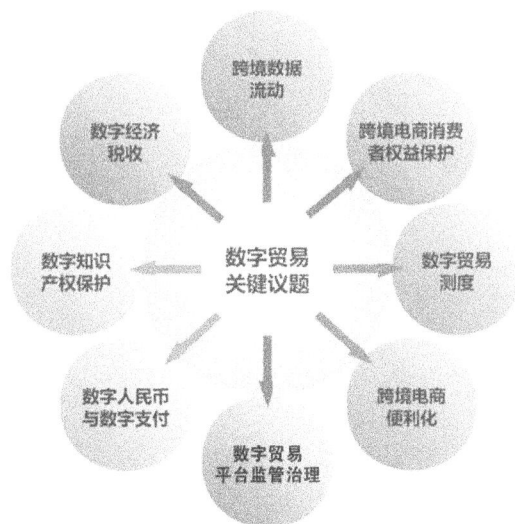

图 3-1　数字贸易规则的关键议题

一、跨境数据流动

数字经济时代,数据不仅是基础性生产要素,也是构筑国家竞争力的关键。近年来,数据流动规模逐渐扩大,隐私保护、数据安全及数字主权方面的潜在威胁日益显现。如何有效平衡公共利益保护与数据有序流动,建立一套具有国际共识的数据流动规则,成为当前多边贸易体制改革的重要议题。在跨境数据流动规则探索上,不同体量的国家有不同考量。美日标准最高,明确要求不得禁止数据通过电子方式自由跨境传输。欧盟国家则较为谨慎,在贸易协定中设置"协定生效三年内重新评估加入跨境数据流动的必要性"等要求,倡导有条件的跨境数据自由流动,其他国家则综合考虑自身利益,提倡分类、分级的跨境数据流动政策。

二、数字经济税收

数字经济极大促进了社会生产力的发展,但也给原有国际税收规则和国际利益分配格局带来挑战。跨境电商的快速发展对海关准确监测货物流向和货量货值提出挑战,引发关税损失等问题。同时,数字经济交易活动突破了管理机构、工厂等经济实体的限制,数据流动性、虚拟性特征导致价值创造来源地和纳税实际发生地存在错位,引起跨国间划分税权与利润归属的难题。目前,国际组织正努力推进多边数字税政策,然而各国权益诉求各不相同,数字服务税尚未形成统一意见。欧美之间态度截然相反。考虑到防止税基侵蚀,欧盟部分国家率先提出数字税提案,如法国于2019年通过数字税法律草案,成为第一个对数字服务征税立法的国家,美国则反对征收数字税,并且通过加征关税反制支持数字税的国家。

三、数字知识产权保护

数字知识产权保护规则的复杂性远高于一般实物产品。数字服务和产品中的源代码、专用算法和商业秘密是企业的核心资产,也成为知识产权保护的重点,但从维护安全的角度来看,又需要托管源代码甚至商业秘密,如何平衡好二者关系,仍需深入探讨。美国一直推行高标准的数字知识产权保护规则,将传统治理方式向数字延伸并提高保护水平,如将版权保护期延长至 70 年,同时出台了数字版权发展专项规则。欧盟也主张保护软件源代码,将其纳入知识产权保护范畴。在数字知识产权保护规则的制定上,发达国家和发展中国家的态度基本趋于一致,但在数字知识产权体系建设方面进度不一。

四、数字人民币与数字支付

作为一种安全高效的支付工具,数字人民币是金融科技创新推动支付基础设施数字化转型的手段和方法,也是货币在数字经济背景下寻求数字化转型和突破的客观要求,在对冲和防范私人数字货币无序发展带来的货币政策、清算体系、跨境资本流动管理等方面的风险挑战具有重要意义,有助于提升金融系统的稳定性。我国数字人民币体系研发是为创建一种满足数字经济条件下公众现金需求的数字形式新型人民币,配以支持零售支付领域可靠稳健、快速高效、持续创新的金融基础设施,支撑中国数字经济发展,提高货币支付体系运行效率。美国、欧盟国家、英国、俄罗斯、瑞典、新加坡、日本等央行,近年来均以各种形式公布过针对法定数字货币的筹划、实验和评估,加快开展数字货币和数字支付探索。

五、数字贸易平台监管治理

数字贸易平台是通过网络信息技术、数字技术,使相互依赖的不同国家主体在特定载体提供的规则下交互,从而共同创造价值的商业组织形式,具有网络效应、信息集聚、全域性、综合性线上市场等特点。近年来,数字贸易平台高速发展,但平台间不当竞争问题也日益凸显,商品造假售假、平台"二选一"、大数据"杀熟"、"扼杀式"收购等反竞争行为频发,扰乱市场秩序,数字贸易平台的监管治理成为当前亟待解决的突出问题。数字贸易平台反垄断监管是世界趋势,具有深刻的全球背景。欧盟较早对美国数字平台巨头开展反垄断监管,2020 年底正式提出《数字市场法》和《数字服务法》两个草案。美国不断加大对数字平台巨头的反垄断监管力度,2021 年正式提出《竞争和反垄断执法改革法案》。各个国家对数字贸易平台的监管逐渐收紧,从立(修)法到执法加强监管逐步成为全球共识。

六、跨境电商便利化

跨境电子商务已成为全球贸易活动的新增长点,新冠肺炎疫情进一步加速这种趋势。提升跨境电商便利化水平,是向 WTO 提交的关于电子商务和数字贸易 70 多份提案中共同关心的主要议题之一,主要涉及电子合同及电子传输、电子签名、无纸化通关等问题。跨境电商便利化议题大多与《贸易便利化协定》紧密联系,争议不大。在电子认证和电子签名规则上,国际主要国家基本达成一致,我国签署的 RCEP 中进一步明确"应当鼓励使用可交互操作的电子认证"。原有国际协定中电子商务章节的贸易便利化规则都已成为高标准数字贸易规则中的常规条款,同时高标准数字贸易规则中也对议题进行拓展,如在合作规则上,对监管对话机制发展、跨境个人信息保护机制、隐私保护法律合作等作出具体规定。

七、数字贸易测度

数字贸易统计数据能够反映一国的数字经济开放程度和发展水平,是制定宏观调控政策和科学决策管理的重要依据。数字贸易的虚拟性、快速性对监管提出更高要求,如何有效监测数字贸易发展动态成为当前的一大难题。国际主要测度方法中,美国的《通信技术服务和通信赋能服务贸易趋势》《测度数字贸易:走向概念性架构》为数字贸易统计研究提供了思路和框架参考。2019 年 3 月,OECD-WTO-IMF 共同发布《数字贸易测度手册》,提出目前比较可行的数字贸易测度方法。数字贸易测度仍在探索阶段,各国对数字贸易口径存在理解上的偏差,如何对数据的价值进行量化、如何处理新业态融合发展的漏统和错统等问题都给数字贸易统计测度带来挑战,主要表现为全球数字贸易概念尚未统一、部门间数据壁垒尚未完全打通、数据共享仍在推进阶段、产业融合发展态势增加区分的困难等方面。

八、跨境电商消费者权益保护

随着跨境电商在全球范围内蓬勃发展,跨境电商纠纷和风险也不断产生。由于跨境电商具有虚拟化、网络化交易特征,容易发生售后服务缺失、法律管辖不明等消费侵权问题,如何保护消费者权益免受侵害成为当前的重要议题。我国在上述领域的法律规制起步较晚,但在国外先进经验的指引下迅速发展。欧美国家通过制定完备的消费权益保护法、营造公平的市场环境、建立多元化在线争议解决机制等方式完善跨境电商消费权益保护体系。而我国现行法律难以适应跨境电商跨国性、商品特殊性、交易方式网络化等特征,缺乏境外消费权益保护的针对性法律,需要进一步加强跨境电商消费者权益保护研究,从立法、市场监管、平台建构等方面充分完善消费者权益保护,为消费者提供一个良好的购物消费环境。

第四章 数字贸易发展趋势

　　数字经济蓬勃发展夯实数字贸易发展基础。数据作为一种新的生产要素,成为驱动全球经济发展的新动能。根据信通院发布的《全球数字经济白皮书(2021)》,2020 年全球数字经济规模同比增长 3%,实现在逆势中平稳发展。我国数字经济体量巨大,2020 年我国数字经济规模达 39.20 万亿元,占 GDP 比重达 38.60%,多地正加紧部署新一批数字经济项目,围绕电子信息、人工智能等重点领域规划未来五年数字产业发展。伴随新一轮技术产业迎来应用爆发阶段,在多项利好政策催化下,数字产业、数字贸易将持续增长,开辟"新蓝海"。

　　各国高度重视数字贸易发展。近年来,主要经济体高度重视数字贸易发展,普遍将其作为国家发展规划、政策法规制定、对外经贸合作和参与国际规则制定的重点,如美国《国家网络战略》、欧盟《迈向数字贸易战略》等一系列战略规划,为全球数字贸易发展提供了良好的政策和制度环境。我国也出台了《中共中央、国务院关于推进贸易高质量发展的指导意见》《"十四五"服务贸易发展规划》等相关政策,从研究数字贸易制度框架、推进数字服务出口基地建设等方面加快数字贸易发展。

　　新业态涌现为数字贸易增长注入新动力。数字技术在服务业领域的广泛应用,跨越了服务生产与消费不可分离的障碍,使得很多传统不可进行贸易的服务部门如健康、医疗、金融、文化等变得可进行,催生了数字文旅、远程医疗、元宇宙应用场景、数字金融等贸易新业态、新模式。通过数据流动,强化各产业间知识和技术要素共享,促使制造业、服务业紧密融合,带动传统产业数字化转型,推动全球创新链、产业链和价值链加速整合优化,为数字贸易各领域带来颠覆性创新。

数字经济合作持续深化。随着数字贸易的蓬勃发展,各国积极倡导全球数字经济合作,不断出台双边、多边经济伙伴关系协定。中国也积极发起《二十国集团数字经济发展与合作倡议》《"一带一路"数字经济国际合作倡议》《携手构建网络空间命运共同体行动倡议》等全球数字经济合作倡议,不断深化 G20、金砖、中欧、中俄、中泰等多、双边数字经济合作。数字经济合作不断深化进一步巩固各国数字经贸合作纽带,对于数字贸易的开放融合与繁荣发展发挥着重要作用。

数字贸易规则加速发展、治理效能不断提升。近年来,各国积极探索跨境数字治理框架,开展多双边数字治理合作,为全球数字经济发展、贸易投资增长和经济复苏做出积极贡献。2021 年 1 月,全球数字经济领域最早的单独协定《数字经济伙伴关系协定》(Digital Economy Partnership Agreement,简称 DEPA)正式生效,进一步推动了全球数字贸易规则的制定,有效助力数字贸易治理体系与治理能力现代化。数字贸易规则和治理体系的不断完善为数字贸易发展营造了规范有序、包容审慎、协同共治的发展环境。

第二篇　专题研究

第五章　全球跨境数据流动

数据的跨境流动产生巨大价值。2021 年 11 月 1 日,中国向 DEPA 保存方新西兰正式提出申请加入 DEPA,期待与各成员国加强数字经济领域合作、促进创新和可持续发展。据美国布鲁金斯学会测算,全球数据跨境流动对全球 GDP 增长的推动作用已超过贸易和投资。中国在全球数字经济领域具有优势,浙江的数字经济发展又走在全国前列。把握数字技术发展与应用带来的新机遇,充分利用好境内外海量数据,将为浙江数字经济发展带来新动力。

第一节　跨境数据流动发展概况

一、概念内涵

数字经济时代,数据不仅成为基础性生产要素,更成为一个国家的战略性资产,也是构筑国家竞争力的关键。数字经济与数字贸易的发展,均依赖跨境数据流动及相关服务。跨境数据流动是指数据跨越国界进行传输、访问。随着云计算等技术发展,数据跨境流动形式变得多样,一些国家将数据存储、处理所在地发生跨越国界转移界定为跨境数据流动。数据本地化是指任何本国或者外国公司,在采集、存储个人信息和关键领域的相关数据时,必须使用主权国家境内的服务器。一国政府对在本国产生的数据施以控制监管,将这些数据储存在国境内的服务器中。

二、规则与发展趋势

(一)跨境数据流动成为全球经济复苏引擎

互联网、大数据等新一代信息技术发展促使跨境数据流动成为全球经济发展的关键动力,其强大作用在新冠肺炎疫情防控期间尤为显著。美国布鲁金斯学会研究指出,2009 年至 2018 年,全球跨境数据流动对全球经济增长起到了重要作用,贡献度高达 10.1%。预计到 2025 年,全球跨境数据流动的贡献价值将超过 11 万亿美元。

2020 年新冠肺炎疫情暴发,疫情的冲击使得当年全球跨境投资的下降幅度高达 42%,同时造成全球服务贸易同比下降 15.4%。虽然新冠肺炎疫情对投资与贸易产生巨大冲击,但也加速了数字化转型与数字贸易发展。2020 年全球数字贸易出口逆势增长 3.8%,在有力应对疫情冲击的同时,也提振了全球经济,加快了各个国家及其产业的数字化转型。

(二)各国跨境数据流动政策主张

海量数据汇集将产生巨大的市场利益。全球主要经济体围绕跨境数据流动规则制定展开博弈,积极构建符合自身利益的跨境数据流动规则。

美国倡导跨境数据自由流动。美国的政策主张体现在三个方面:一是主张个人数据和商业数据的跨境自由流动,利用自身数字产业的领导优势来主导数据流向;二是通过限制重要技术数据出口和特定数据领域的外国投资,确保美国在科技领域坐稳领导地位;三是通过"长臂管辖"扩大国内法域外适用的范围,以达到在执法时能够跨境调取数据的目的。例如,2018 年 2 月美国通过《澄清域外合法使用数据法案》(*Clarifying Lawful Overseas Use of Data Act*),即《云法案》(CLOUD Act)。该法案规定,无论通信、记录或其他信息是否存储在美国境内,只要美国企业是数据控制者,美国政府就能直接从世界各地调取数据。基于此,美国的数据主权得到扩展,而其他国家的数据主权受到侵蚀。具体政策如表 5-1 和表 5-2 所示。

表 5-1　美国跨境数据自由流动相关政策

政策文件	政策内容
《2015 年双年度国会贸易优先事项和责任追究法》	要求政府不得实施会对数字贸易以及数据跨境流动造成阻碍的措施,不得要求在本地存储或处理数据
《促进数字贸易的基本要素》《关于电子商务的联合声明》	要求不得阻碍商业目的的跨境数据流动,不得建立歧视性和保护主义壁垒来阻碍跨境数据流动
《澄清境外数据合法使用政策》	签订数据流动协议的外国政府可以直接要求美国境内的组织向其传输数据。同时,协议规定美国也可以直接从该成员国或地区境内组织获取数据信息
《美墨加协定》	第十九章"数字贸易":以《跨太平洋伙伴关系协定》(TPP)规则作为基础。除直接承袭 TPP 中的部分条款外,对 TPP 中的数字贸易规则进行了一系列升级。该章节旨在保护数字供应商的竞争力,减少数字贸易限制,新增条款包括:禁止将关税和其他歧视性措施应用于以电子方式分发的数字产品;确保数据可以跨境传输,并最大限度地减少数据存储和处理的限制;促进对政府生成的公共数据的开放访问等。第 19.11 条规定,"任何一方均不得禁止或限制通过电子方式跨境转移信息(包括个人信息)"

表 5-2　美国控制关键数据流动相关政策

政策文件	政策内容
《出口管制改革政策》	扩大出口管制范围,其中增加新兴技术和基础技术
《针对某些新兴技术的管控审查》	聚焦人工智能、数据分析技术、传感技术等 14 大类特定新兴技术,对其出口、再出口以及技术转让进行管制
《外国投资风险审查现代化法案》	扩大投资审查范围,规定要审查涉及关键技术和关键基础设施的公司或个人,对存储或收集美国公民个人数据的企业开展的非被动性、非控制性的投资
《美墨加协定》	第 19.16 条规定,当某一软件或与此有关的产品在一国范围内进口、分销、销售或使用时,其他各方不得要求传输或访问属于该国人员的软件源代码,也不得访问源代码中使用的算法

欧盟倡导有条件的跨境数据自由流动。欧盟对跨境数据流动持有审慎态度,强调在确保数据安全的情况下允许跨境数据自由流动。欧盟的政策主张主要为三个方面:一是推行"内松外严"的数据流动规则。为了构筑欧盟单一数字市场,对内主张消除欧盟境内数据自由流动障碍,实施欧盟数字化单一市场战略。二是对外主张充分保护下的跨境数据流动。欧盟提出通过"充分性认定"确定数据跨境自由流动白名单国家,推动欧盟数据保护立法的全球影响力。三是主张在遵守适当保障措施的条件下,提供多样化的个人数据跨境流动方式。具体政策如表 5-3 所示。

表 5-3 欧盟跨境数据流动相关政策

政策文件	政策内容
《数据治理政策》	消除成员国之间在数据存储本地化、不一致的数据格式和供应商锁定等方面的数据流动障碍
《数字化单一市场战略》	将欧盟成员国分散的市场统一为单一市场,消除国与国之间的数据管制壁垒,进而促进欧盟整体数字经济的发展
《通用数据保护条例》	强调个人数据的保护,明确个人数据的权利并且在数据隐私方面加强管制。要求通过消除成员国之间数据保护政策的差异,实现个人数据在欧盟内部的自由流动
《非个人数据在欧盟境内自由流动框架条例》	通过消除欧盟内部各成员国的数据本地化存储,保证有关部门或专业用户能及时、自由地获取或迁移数据

其他国家提倡分类别、分级别的跨境数据流动。其他国家出于自身利益考虑,提出分类别、分级别的跨境数据流动政策,如表 5-4 所示。部分国家认为过于严格的跨境数据流动管制不利于自身经济发展,对跨境数据自由流动持赞同意见。例如,日本认为跨境数据自由流动能够满足本国制造业提升竞争力的内在需求。2019 年日本经济产业省发布《制造业白皮书》,提出 4 项强化制造业竞争力的对策,第一项对策便与跨境数据流动有关,即推动全球工业数据跨境流动与共享,利用优质且丰富的工业数据生产多样化产品,以满足市场的差异化需求。部分国家倾向于较为严格的跨境数据流动管制,如俄罗斯、印度等国强调信息保护以保障国家安全,对跨境数据流动提出更多的限制性要求。

表 5-4　部分国家跨境自由流动相关政策

国家	法规文件	政策内容
日本	《个人信息保护法》	一般情况下,处理个人信息的经营者在向国外第三方提供个人数据时,需要事先获得数据主体对该提供行为的同意。如果向经个人信息保护委员会认证和确认的第三方提供个人信息,可以不经过数据主体的同意
	《日欧经济伙伴关系协定》	达成"保护充分性"相互认定,日欧之间的跨境数据流动与日欧各自境内数据流动要求一致
	《美日贸易协定》	确保各领域数据无障碍跨境传输,禁止对金融业在内的机构提出数据本地化要求。制定促进数据自由流动的规则,发挥两国在数字贸易领域世界规则制定方面的引领作用
	《制造业白皮书》	推动全球工业数据跨境流动与共享,利用优质且丰富的工业数据生产多样化产品,满足市场的差异化需求
韩国	《信息通信网络的促进利用与信息保护法》	要求从事信息通信服务的供应商或用户不得将与工业、经济、技术等相关的重要信息通过信息网络流向国外
	《云计算发展与用户保护政策》	明确云服务供应商(CSP)的义务,其中包括若信息发生泄露,要向顾客和上级汇报;不得将客户信息提供给第三方人员以及不得将其用于指定用途以外的目的
澳大利亚	《政府信息外包、离岸存储和处理 ICT 安排政策与风险管理指南》	要求分级管理政府数据,并且政府数据的离岸存储及风险管理要按照指南规定进行。特别是部分非保密信息必须在政府机构进行风险评估之后才可被外包
	《政府安全分类系统》	根据数据种类的不同添加相应的保护性标识,以此来控制关系到国家安全的数据的跨境流动
	《澳大利亚数据安全管理指南——ICT 安排(包括云服务)外包风险管理》	为澳大利亚政府非机密数据外包安排中的保密性、完整性和适用性提供安全风险管理方法

续表

国家	法规文件	政策内容		
俄罗斯	《关于信息、信息技术和信息保护法》	预防信息的非法获取以及非法传递,及时发现、制止信息的非法获取,并且对非法获取信息的后果进行警告。对信息保护水平进行日常检查。若确实发生信息非法获取的行为,不可采取任何可能造成信息处理设备损坏的行为,要迅速恢复相关被损毁或异化的信息		
	《俄罗斯联邦个人数据法》	信息处理者有义务在跨境转移个人数据之前,确保信息接受国对个人数据主体的权利有同等的保护;若数据跨境流动会对俄罗斯联邦的宪法制度、公民权利以及国家安全造成威胁,可终止或限制数据跨境转移		
印度	《电子药房规则草案》	电子药店内的用户信息及处方信息不得违法泄露。这些数据只允许存储在印度境内,不得以任何形式在境外传播或储存		
	《个人数据保护法草案 2018》	一般个人数据	可通过充分保护水平认定机制、标准合同或集团内部计划机制、数据保护局批准机制、数据主体的同意机制进行跨境传输	
		敏感个人数据	不可随意跨境流动,除非该数据要被用于特定人员或机构的健康服务或紧急事件才可传播。数据接受国必须是印度认可的、能够对信息提供充分保护的国家	
		关键个人数据	只允许在印度境内进行存储、使用或修改	
马来西亚	《个人数据保护法》	明令马来西亚公民的个人数据应当存储在境内服务器。数据使用者不能将马来西亚的个人数据转移至其他国家或地区,除非该国家和地区经过批准,列为可转移的目的地,并在官方公报上予以公布		

（三）近期各国颁布的数据本地化措施倍增

据美国信息技术与创新基金会（ITIF）统计,2017 年全球有 35 个国家颁布了 67 项数据本地化措施。随后 4 年时间,各国颁布的本地化措施不断增加。截至 2021 年 7 月,已有 62 个国家实施 144 项限制措施,另有数十个国家正在考虑实施数据本地化措施。

数据本地化措施增加的原因有多方面:一是各国逐渐意识到本地数据

的巨大经济价值。为了维护数据经济主权和获得最大数据经济利益,制定相应的数据本地化要求。二是基于维护国家安全和社会公共秩序、保护个人隐私的考虑而制定数据本地化要求。三是限制企业滥用、误用数据。

数据本地化措施主要有三种:第一种是限制特定类型的数据传输到境外,要求这些数据本地化储存,具体包括基础设施数据、地理信息数据、金融数据、个人数据、健康和基因组数据、社交媒体和网络服务平台生成的数据等。第二种是限制与国家安全相关的数据跨境流动。第三种是实施数据传输的资格认证和其他限制性条件,例如本地数据镜像要求、数据跨境传输白名单、企业数据保护能力认证资格等。

(四)各国数据本地化要求

美国推行数据本地化要求双重标准。作为数字技术全球领先的国家,美国是跨境数据流动的最大受益者,美国积极倡导数据跨境流动,反对其他国家的数据本地化要求,极力维护美国数字公司的利益。例如,美国数字经济企业微软公司、谷歌公司等为全球各地的用户提供云服务,服务过程中涉及大量的跨境数据转移。为促使数据尽可能汇聚美国,美国反对各国本地数据存储要求。但美国对外倡导跨境数据流动的同时,并未完全放开国内重要数据的管控措施,通过各种手段限制他国获取美国数据。美国外国投资委员会(CFIUS)具有阻止外资企业获取美国关键信息方面的广泛权力,采取的措施包括:以国家安全为由禁止外资企业投资数据服务领域;要求国外网络运营商与电信小组签署安全协定;要求国内通信基础设施位于美国境内等。具体规则如表5-5和表5-6所示。

表5-5　美国针对他国数据本地化政策的反对态度

年份	事件
2014	加拿大实施的数据本地化法受到美国的指责。美国贸易代表办公室针对此法发布公告,指责加拿大此行为阻碍美国的贸易出口
2016	美国贸易代表办公室成立数字贸易工作组(Digital Trade Working Group,简称DTWG),该工作组的主要职责是识别并且解决阻碍数字贸易的壁垒

续表

年份	事件
2017	针对中国限制跨境数据流动的相关政策向 WTO 提交文件,试图要求中国暂缓实施该类政策
2018	要求印度放宽本地化限制
2019	重申放宽本地化限制,并强调遏制数据本地化趋势的重要性

表 5-6   美国反对他国数据本地化的相关政策

政策文件	政策内容
《跨太平洋伙伴关系协定》	缔约方不得强制受约束方在缔约方领土内建造设施或者强制要求受约束方使用缔约方领土内的设施,也不得将其作为受约束方进入缔约方市场的准入条件
《国际服务贸易协定》	参与协定的国家不准将缔约方使用本国设施或在本国建设基础设施作为市场准入条件
《美墨加协定》	缔约国不得把使用另一缔约国国内的数据存储设施或将设施置于其领土之内作为在其国内从事经营的强制条件
《美国数字贸易协定》	签署协定的国家不得强制进入本国市场的企业在本国设置服务器或数据中心,也不得强制其数据本地化
《澄清数据合法使用政策》	若通信和远程计算服务供应商持有、保管或者控制与消费者有关的电子通信内容以及其他任何记录或信息,无论这些信息是否位于美国境内,供应商都可以对其进行保存、备份或披露

欧盟极力打造具有竞争力的本地数据空间。一方面,欧盟倡导各成员国取消数据本地化措施,促进各成员国数据在欧盟内部流动。另一方面,欧盟极力打造最具吸引力、最安全和最具活力的数据敏捷经济体(data-agile economy)。2020 年 2 月发布的《欧洲数据战略》(*A European Strategy for Data*)中,虽没有直接提及数据本地化的要求,但提出构建促使更多数据在欧盟境内存储和处理的环境发展目标,要求加强数据基础设施投资、提升个体数据权利和技能、打造公共欧洲数据空间。欧盟的政策主张如表 5-7 所示。

表 5-7　欧盟取消数据本地化要求的相关政策

政策文件	政策内容	
《通用数据保护条例》(GDPR)	侧重针对个人数据,强调不得阻碍欧盟内部个人数据的跨境流动,禁止数据本地化。同时,要严格保护个人数据隐私,对数据出境有着严苛的监管制度	
《非个人数据自由流动框架条例》	侧重针对非个人数据里的机器生产与商业销售的数据。条例要求基于国家公共安全,欧盟内产业数据不得本地化,进而促进欧盟"单一数字市场"尽快成型	
	私有部门数据	对企业的数据储存地无强制性要求,只要数据储存在欧盟内部即可
	公共部门数据	如需要对公共部门数据进行本地化存储,需要将具体措施向委员会报告,并且只能够以维护公共安全为存储目的
《欧洲数据战略》	没有直接提及数据本地化的要求,但要求构建促使更多数据在欧盟境内存储和处理的环境,以维护欧洲在数据跨境流动中的战略利益	

　　部分国家倡导有限数据本地化要求。例如,日本要求涉及国家安全的数据必须实现本地化储存,对其他数据不作额外限制。具有数据存储与处理竞争力的新加坡则反对各国数据本地化要求,主张企业自由选择数据存储地。

　　(1)新加坡致力于建立亚太地区数据中心。新加坡拥有的大型数字科技企业较少,数字市场规模也远小于美国和中国。为赢得数字经济时代的持续发展能力,新加坡积极进行探索,通过创建优良的数字基础设施、储备大量人才资源以及实施宽松的跨境数据流动监管政策来吸引各国数字经济企业来新加坡投资,推动打造全球数字金融中心、全球数字媒体中心、全球数据中心、亚洲区块链中心、亚洲数字贸易中心,大力发展数字经济,实现"智慧国家"愿景。

　　近年来,新加坡政府与多个国家签订数字贸易相关协定,推动消除数字贸易壁垒和跨境数据流动壁垒,为新加坡数字经济发展创造机会。2020年6月,新加坡、智利和新西兰签订《数字经济伙伴关系协定》。该协议是全球首个国际数字经济领域的专项协定,由16个主题模块构成,其中涉及数据跨境流动问题,明确三方商业数据满足必要法规后,可以实现数据无缝传输。2020年8月,新加坡和澳大利亚签署《新加坡—澳大利亚数字经济协议》(SADEA),协议规定商业数据无缝流动,并在保障消费者隐私和企业专有信息的前提下,取消数据本地化存储等壁垒。两国金融机构可以自由选择数据存放地。

(2)印度寻求数据本地化中间路线。印度要求关键个人数据和企业商业数据实现本地化存储。具体措施有:一是提出一系列数据本地化豁免情形;二是分级分类管理个人数据,根据个人数据的类型实施相应的本地化措施;三是强制要求金融数据本地化存储,进而达到促进印度银行金融业发展的目的。具体规则如表 5-8 和表 5-9 所示。

表 5-8   《印度电子商务国家政策框架草案》部分内容

政策	内容
《印度电子商务国家政策框架草案》	逐步推进数据本地化要求,建立数据中心,鼓励在印度国内存储数据,提高本国数据保存能力。但是,不强制某些特殊数据本地化存储,其中包括初创企业数据、跨国公司内部数据和以合同为基础的数据

表 5-9   印度不同类型数据的本地化要求

数据类型	本地化要求
一般个人数据	允许数据跨境流动,但要在印度境内存储副本;进行清单化的豁免限制
敏感个人数据	允许数据跨境流动,但要在印度境内存储副本
关键个人数据	只允许存储在印度境内,不准离境

(3)韩国倡导公共数据本地化。韩国在数据本地化要求方面与日本相近,即倡导公共数据本地化,对其他数据不作要求。2015 年,韩国政府颁布《促进云计算和用户保护促进条例》《云服务保护指导条例》,要求所有为公共机构提供服务的云服务商都必须在国内建立公共数据中心,且必须与服务公众的网络在物理上进行分离。2015 年 3 月,韩国国会通过《云计算发展与用户保护法案》,要求云服务提供商在出现信息泄露的情况时,必须及时向客户以及部长进行汇报,不得将客户信息提供给第三方,不得将数据用于除指定用途之外的其他目的。

(4)俄罗斯要求个人数据本地化。俄罗斯在数字经济发展方面处于劣势位置,出于保护国家安全和维护经济利益的考虑,对跨境数据流动采取严格的管控措施。俄罗斯政府在 2015 年 9 月 1 日实施《个人数据法》。该法规定俄罗斯公民的个人数据必须存储在俄罗斯境内。俄罗斯实施的数据本地化法律给俄罗斯的数字经济发展带来一定利益,部分跨国企业在俄罗斯建设数字中心,促进俄罗斯本地数据市场的发展。

第二节　跨境数据流动发展机遇

一、释放巨大经济价值

美国国际战略研究中心(CSIS)2021 年 4 月发布《亚太地区的数据治理》,估测 2020 年跨境数据流动使全球经济产出增加 3% 以上,创造价值近 3 万亿美元。跨境数据流动释放出巨大经济价值。一是数据和技术、人力资本、物质资本以及自然资源等,都是经济价值创造体系中的关键要素。跨境数据流动带来数字经济发展的基础性资源和战略性资源,形成经济增长的新动力。二是跨境数据流动促进创新经济发展。跨境数据流动能够激发创意,催生新业务、新模式和新企业,促进最新技术在全球的应用与扩散,实现国家创新能力的提升。三是跨境数据流动能够促进企业绩效提升。数据流动与集中利用能够帮助企业优化运营流程,改善产品设计,提升服务质量和响应水平,提高市场竞争力。四是跨境数据流动能够降低国际交易的成本,使得更多的中小企业参与国际经济活动。

二、推动数字贸易与国际投资发展

一方面,跨境数据流动是数字贸易发展的基础。OECD 将数字贸易定义为建立在数据流动基础上的贸易,数据搜集、数据利用以及数据流动是数字贸易的核心要素。跨境数据流动不仅使得以数字产品和服务为交易对象的数字贸易得以顺利开展,也带来贸易方式的变革,实现贸易方式电子化转变。另一方面,跨境数据流动促进国际投资发展。跨境数据流动激励数字经济企业开拓境外市场,建立全球数字网络优势。跨境数据流动改变跨国公司经营与管理方式,提升运营效率,有助于企业国际化发展。

三、促使数字经济要素向优势地区汇聚

跨境数据流动将引领技术流动、人才流动、资金流动、生产流动和服务流动,带动数字经济要素向优势地区汇聚,发挥规模经济效应。在国际上,美国硅谷、新加坡、爱尔兰和以色列等成为数据汇聚和数字经济发展的领先地区。《欧洲数据中心发展报告》(Data Center Developments in Europe)显示,2020年爱尔兰都柏林运营的企业数据中心为70个,其中新建企业数据中心10个。2010年至2020年,爱尔兰与数据中心相关的投资超过70亿欧元,部分知名的数字经济企业在爱尔兰建立数据中心。新加坡参与制定多个国际数字贸易协定,为消除跨境数据自由流动壁垒创造条件,成为全球最具活力的数据中心市场。根据研究公司 Structure Research 统计,新加坡约有60个企业数据中心。新加坡还致力于打造"新加坡金融数据共享平台(SGFinDex)""新加坡贸易数据共享平台(SGTraDex)""亚洲区块链中心"等。良好的基础设施、大量的人才储备、安全有效的数据治理成为这些地区吸引数据汇聚的因素。

四、掌握数字经济发展主动权

各地数字经济发展目标大致相同。在国内,北京市致力于建设全球数字经济标杆城市,上海市致力于打造具有世界影响力的国际数字之都,广东省、香港特区和澳门特区致力于将粤港澳大湾区建设成为全球数字经济发展高地,海南省致力于打造国家数字交易中心,贵州省致力于打造世界的大数据中心。浙江省也提出实施数字经济"一号工程"2.0版,争当数字经济"领跑者"。数字经济发展离不开数据安全有序流动。在安全有效的管理体系下,跨境数据流动将加速数据价值的开发与利用,促进数字经济要素的汇聚,加速地区数字经济发展。

第三节 浙江跨境数据流动的优势与潜力

浙江是全球数字经济发展的领先地区,既拥有阿里巴巴、网易、海康威

视等知名数字经济企业,也拥有吉利集团、青山控股集团、均胜电子等优秀制造企业,数字贸易实力雄厚,数字基础设施处于全国领先水平。浙江率先推动跨境数据自由流动不仅具有优势,还能有效释放数据价值,对浙江乃至全国数字经济发展具有极大意义。

一、浙江数字经济发展优势

浙江数字经济领跑全国,有实力推动跨境数据流动。2020 年,全省数字经济核心产业规模以上企业共 6241 家,全省数字经济增加值达 30218 亿元,占国内生产总值(GDP)比重达 46.8%,各项主要指标位居全国前列。浙江正在建设全国数字产业化发展引领区、产业数字化转型示范区、数字经济体制机制创新先导区和具有全球影响力的数字科技创新中心、新型贸易中心、新兴金融中心。良好的发展基础是跨境数据流动转化为价值的保障。

二、浙江对外贸易与经济合作优势

浙江数字贸易、对外投资领跑全国,跨境数据流动实现境内外数据互联互通,释放出巨大经济价值。浙江数字经济企业在全球建立多个数据中心,例如阿里巴巴集团在菲律宾、印度尼西亚、德国等地创设数据计算与存储中心,推动跨境数据流动,促进境内外数据库打通,更好地释放数据经济价值。浙江是对外投资大省,吉利集团、青山控股等企业发展成为全球知名的跨国公司,跨境数据流动有助于其更好地开展国际业务,更好地服务全球客户。

三、浙江自贸试验区平台优势

浙江自贸试验区是实现跨境数据流动的重要平台。2017 年 4 月,浙江自贸试验区设立。2020 年 9 月,浙江自贸试验区实现扩区,将宁波、杭州、金义等优势地区纳入试验区范围。浙江自贸试验区是浙江对外开放的前沿阵地,已聚集油气产业、跨境电商、国际航运、智能物流、先进制造等领域的数万家企业。自贸试验区被赋予更大改革自主权,可以对标国际先进规则,加大开放力度,开展规则、规制、管理、标准等制度创新。自贸试验区能够提供一流的营商环境,为跨境数据传输、利用、保护、流转等提供保障。

第四节　探索浙江跨境数据流动的建议

一、依托自贸试验区载体先行先试

在浙江自贸试验区内探索开展跨境数据流动试点,一是创建流动载体,扩大跨境数据流动与开放合作领域;二是探索跨境数据安全有序流动的监管体系;三是加强跨境数据流通服务建设。建设国际互联网数据专用通道,实现自贸试验区内企业与境内外的专用数据连通。推动自贸试验区内工业企业数据开放、贸易数据开放、航运数据开放、物流数据开放、云服务数据开放、电子商务数据开放,鼓励国内外企业在自贸试验区设立离岸数据中心、互联网平台,带动云计算、人工智能、5G、大数据等产业发展。

二、探索构建高标准安全管理体系

跨境数据流动需要建立可信、透明和有效的跨境数据流动机制,保障国家安全,维护数据主体的利益。跨境数据流动安全管理体系建设要朝向精细化监管方向发展。一是健全完善数据分级分类体系,允许商业数据跨境安全有序流动,加强对敏感数据的管理和风险防控。二是健全完善数据出境安全评估制度,划分责任边界、设定跨境流动条件,推动建立跨境数据流动与安全保护的行业标准和国际标准。三是强化企业数据保护责任,搭建企业数据保护系统,探索构建数据保护能力认证体系,提升企业数据安全管理能力。四是提升数据保护技术手段,借助隐私计算、数据安全沙盒、区块链等新兴技术进行跨境数据流动的安全保护和风险评估。

三、打造国际数据流通枢纽

通过跨境数据安全有序流动盘活境内外数据资产,带动数据交易,提升数据服务水平,将浙江自贸试验区打造成为数据要素汇聚的国际市场中心、国际技术中心与国际服务中心。一是立足于"两中心、一基地",推动数据资产评估登记发展、数据资产交易发展、数字贸易博览会发展,提升跨境数据流通服务水平和质量。二是鼓励境内外龙头企业将云服务平台、数据存储中心与数据处理中心设立在自贸试验区,带动数据、人才、技术和资金等要素汇聚,形成规模经济效应。三是依托本地优势,大力发展专业数据共享平台和市场。大力发展工业数据市场、海洋经济数据市场、电子商务与物流数据市场等,打造特色鲜明、优势突出的国际数据市场。

四、加强数据基础设施建设

加强数据基础设施投资,提升经济个体数据权利和技能,打造软硬件优良的数据空间,促使更多数据在浙江境内流动、存储和处理。一是加大数字基础设施投资建设。加强在数据传输、数据存储与算力中心等领域的投资,建设直达境外的安全、便利的国际网络设施。二是加大数字人才培育和引进投入。聚焦数字化前沿方向和关键领域,培育数字化领军人才,加大高校定向人才培养,开展人才培训,为数据产业发展提供充足人才。三是探索构建数据知识产权保护规则,创建数据资产评估认定管理平台和数据资产评估服务运营平台。

专栏 1　新加坡积极打造跨境数据流动中心

一、力推跨境数据流动合作,为数字贸易连接创造机会

新加坡深知多方合作是实现数字贸易连接、打造数字贸易中心的重要途径。近年来,新加坡政府与多个国家签订数字贸易协定,消除数字贸易壁垒,为新加坡数字贸易发展创造机会。数字经济协议(DEA)是新加坡政府与多个国家签订的数字贸易协议中的一种,是两个或多个经济体之间建立数字贸易规则和数字经济合作的条约。新加坡希望通过与主要合作伙伴构建 DEA,在新的国际框架下促进标准和系统的互操作性,支持新加坡本土企业尤其是中小企业从事数字贸易和电子商务时,能够顺畅与海外合作伙伴进行数字连接。DEA 的最终目标是降低运营成本、提高业务效率并创造

更宽松的海外市场准入。

（1）新加坡、智利和新西兰数字经济伙伴协议（DEPA）

2020年6月，新加坡、智利和新西兰签订DEPA，该协议成为全球首个国际数字经济协定。DEPA由16个主题模块构成，包括商业和贸易便利化、处理数字产品及相关问题、数据问题、更广阔的信任环境、商业和消费者信任、数字身份、新兴趋势和技术、创新和数字经济、中小企业合作、数字包容性、透明度和争端解决等。协议涵盖了数字经济的方方面面，包括开放和可互操作的技术标准，同时支持和促进包容性和可持续性的数字贸易。

在跨境数据自由流动方面，三方允许其范围内满足必要法规的运营企业，可以实现数据无缝传输。除提高商业交易的准确性、效率和可靠性之外，DEPA还将允许新加坡的电子发票在智利和新西兰得到认可。

在个人数据保护方面，三方承诺在共同商定并与国际最佳作业方式保持一致的原则基础上，一起建立联合数据政策和法律架构。例如，三国共同开发相互认可国家信任标记和商业认证架构的机制，为担心数据安全的最终消费者提供保证。该协定还将确保任何跨境传输的商业资料均符合必要的数据保护规则。

（2）新加坡—澳大利亚数字经济协议（SADEA）

2020年8月，新加坡和澳大利亚签署SADEA，它是新加坡签署的第二个数字贸易协议。新协议升级了《全面与进步跨太平洋伙伴关系协定》（CPTPP）和《新加坡—澳大利亚自由贸易协定》（SAFTA）下的两个国家之间的数字贸易安排。协定将促进数据无缝流动，并在保障消费者隐私和企业专有信息的前提下，取消数据本地化存储等壁垒。根据新协定，两国金融机构可以自由选择数据存放地。

（3）与韩国、英国等的数字经济伙伴关系谈判

2021年9月，通过视频会议，韩国政府官员宣布加入DEPA。此外，新加坡和英国就数字经济协议（UKSDEA）进行谈判。2021年8月新加坡金融管理局（MAS）和美国财政部发表联合声明，支持金融服务公司的跨境数据流动，承认跨境汇总、存储、处理和传输数据的能力对金融部门的发展至关重要，明确表示只要监管机构可以访问监管和监督所需的数据，两国都反

对数据本地化。MAS 和美国财政部还同意与其他国家合作，打造促进全球经济发展的金融服务环境。MAS 表示将与国际社会合作制定标准，以确保金融数据跨境流动的可靠和安全。

二、打造贸易数据共享平台，推动数字自由贸易港建设

2021 年 7 月新加坡政府宣布推出新加坡贸易数据共享平台（SGTraDex）。该贸易数据平台可协助物流业从业者更准确地实时监控、核实和分享货物流动数据，进而提高工作效率与生产力，还可以成为建筑、航空等许多其他行业的数据基础。新加坡政府估计，该平台的应用将每年为整个供应链生态系统增值约 1.5 亿美元（2 亿新元）。新加坡贸易数据共享平台与 2020 年推出的新加坡金融数据共享平台（SGFinDex）类似，旨在促进数据安全地、无缝地流动，推动全球重要经济数据流动汇聚到新加坡，帮助各国释放数字化的全部潜力，在合作共赢中推动数字自由贸易港和数字金融中心建设。

三、创造优良基础设施条件，推动亚太数据中心建设

新加坡是亚太地区最具活力的数据中心市场。根据研究公司 Structure Research 统计，新加坡约有 60 个数据中心。由于政治稳定、拥有受过良好教育的劳动力以及吸引重大技术投资的能力，新加坡在 Arcadis（阿卡迪斯）最近的顶级数据中心市场名单中排名第二，仅次于美国。越来越多的互联网企业选择在新加坡投资数据中心建设。

新加坡对数据跨境流动没有明确的本地化要求，不要求建立商业实体、在当地建设数据中心或者进行特定数据容灾备份，对企业投资数据中心（IDC）也没有限制。新加坡之所以成为数据中心的聚集地，一方面是东南亚市场拥有巨大的数字经济潜力，人口众多，消费市场增长快速，而新加坡又是东南亚的经济中心、贸易中心和金融中心，地理位置优越；另一方面是新加坡拥有良好的数字基础设施、汇集大批科技人才，同时实施宽松的跨境数据流动与监管政策。这使得它成为很多企业建设地区数据中心的理想之地。具体而言，一是完善的数字基础设施。新加坡高度重视信息基础设施建设，为数据经济发展提供基本能力保障。新加坡光纤到户渗透率全球排名第一，4G 网络速度在东盟国家排名第一。新加坡贸易和工业部（MTI）曾

表示,新加坡拥有全球最稳定的电力供应系统,新加坡数据中心用电量约占该国总用电量的7%。特别是新加坡政府对建设用地的规划审批时间短,程序步骤简单,为大量投资厂商节约成本,推动新加坡建设成为亚太地区的数据中心。二是全球领先的人才资源提升计划。负责此项目的是新加坡信息通信和媒体发展局(IMDA),IMDA的人力资源培训覆盖范围包括全社会各年龄层群体,包括在职人员、在校学生和年长者。新加坡通过"数字技术加速器"计划,为超过2.7万名在岗员工提供信息技术技能培训。同时,新加坡启动信息技术和媒体产业转型路线图,规划21万基础就业岗位和1.3万专业岗位,为4万名学生提供数字制造技术相关内容的介绍与讲解。另外,大量的跨国公司将亚太总部设在新加坡,由此产生人才的溢出效应。三是稳定的政策和环境。新加坡与主要亚太市场的连接呈多样化态势,有利于企业从新加坡的运营中心辐射到周边国家。新加坡政治稳定,高科技公司不用担心政策快速变更导致运营成本增加,避免政治风波带来的风险。同时,新加坡所处地理位置自然灾害较少,社会秩序良好,可以为企业长期经营提供良好环境。

四、将高效的数据保护与宽松的跨境数据流动相结合

新加坡作为亚洲的数字产业发达国家,对跨境数据流动持开放态度。这一选择与其建有高效的数据保护法律体系紧密相关。早在2012年,新加坡国会通过《个人数据保护法》(PDPA),对个人隐私进行严格管理。新加坡个人数据保护委员会(PDPC)负责该法案的执行。PDPC在规定企业跨境数据流通方面与欧盟相似,要求数据出口的目的国要达到PDPA框架下的个人信息保护标准,同时企业要提供数据流动的合法理由,否则禁止企业将数据向境外转移。

随着数字技术革命的深入,新加坡政府认识到数据流动对于促进技术创新和数字经济发展的重要性,同时也为对接国际数字贸易规则,新加坡国会于2020年底通过《个人数据保护法修正案》,引入个人数据可移植部分。法案的更新将通过建立新的框架指导数据管理,例如企业应如何向消费者提供有关使用移植数据的具体信息,以及用于改善数据流的互操作性和安全标准等。从数据保护的角度而言,数据可移植性给予数据主体对数据更

大的控制权,使得个人能够更轻松地移动数据,并可以自行决定是否授权一个组织将数据提供给另一个组织。新法案涉及数据可移植性的三个核心方面:一是数据传输请求权和数据传输义务,个人享有数据传输请求权,传输组织则有数据传输义务。二是实施数据传输的条件及限制,即需遵守《个人数据保护法》等法规。三是在涉及第三方数据时的数据传输相关规则,在一定程度上保证第三方的利益。

专栏 2　特斯拉应对数据本地化要求

特斯拉公司是一家从事全电动汽车、能源生产和存储系统的设计、开发、制造和销售的美国公司。公司总部位于美国得克萨斯州奥斯汀市。特斯拉公司创立于 2003 年 7 月 1 日,由马丁·艾伯哈德和马克·塔彭宁共同创立。2004 年埃隆·马斯克进入公司,成为首席执行官。特斯拉公司的初期发展目标是为消费者提供纯电动车辆,促进全球向可持续能源的转变。

2008 年 2 月,特斯拉公司开始交付第一辆 Roadster。2010 年 6 月,特斯拉公司在纳斯达克上市,成为仅有的一家在美国上市的纯电动汽车独立制造商。2012 年 6 月,特斯拉公司位于美国加州 Fremont 的工厂开始生产全新电动车系列“Model S”。2018 年 10 月,特斯拉公司开始在中国上海临港地区筹建特斯拉上海超级工厂。中国不仅是电动汽车消费的大市场,而且其产业配套能力极强,在中国的投资能够极大地拓展特斯拉公司的发展潜力和生产制造效率。相关数据显示,2021 年前 8 个月,特斯拉公司的电动汽车总销量为 25 万辆,其中中国市场的销量超过 15 万辆,占据其总销量的 75%。中国不仅是特斯拉公司的销售主力市场,也是其汽车出口中心。2021 年 1 月至 8 月,特斯拉公司已经从中国出口 9.75 万辆汽车至欧美、澳大利亚、日本等多个国家和地区。

一、数字技术应用给特斯拉公司带来的机遇与挑战

数字技术应用对特斯拉公司发展的影响主要体现在两个方面。

第一,数字技术应用提升了特斯拉公司电动汽车制造的自动化水平,

提升了其生产效率,降低了生产成本,使其获得极大市场竞争力。特斯拉汽车生产过程中,75%的部件均为自动化生产获得,只有线束和总装等部分零件和工序采用手工操作,手工操作成本在整个生产成本中的占比低于10%。

第二,随着智能汽车及自动驾驶功能的使用,特斯拉公司收集了大量车辆数据以及道路数据。特斯拉汽车主要采集四类数据:一是与车辆使用、操作和状况有关的车辆数据,例如车速、里程、电机转速、方向盘扭矩、软件版本等。二是车载触摸屏使用的信息娱乐系统数据,包括客户使用功能或应用程序的汇总计数,电台收听时间和频道等。这些信息存储在车辆本地或以匿名方式分享给特斯拉公司。三是诊断数据,包括车辆配置、固件、能量使用、电子系统状态的详细信息,以及不同系统间传输的用于识别错误并进行技术评估的数据。四是自动辅助驾驶数据,包括车辆使用摄像头提供自动辅助驾驶、智能召唤和自动泊车等高级功能所需的数据,这类数据涉及大量的视频信息。汽车的外部摄像头捕捉到的视频信息包括汽车周围的环境、路过的行人或不知情的其他驾驶者,虽然车主可以选择不共享这些视频信息或私人位置数据,但行人等第三方的知情权较难保障。

特斯拉公司还建立基于云技术的数据采集方法,这种技术也被称为"车队学习网络"(fleet learning network),所有的车辆都共享中央数据库的信息,也为中央数据库贡献数据。当一辆车获取了数据,所有车就都拥有了这份数据。特斯拉公司早在2015年就开始大数据积累,随着持续不断的数据产生,特斯拉公司或将拥有全世界最精细的数字地图。

特斯拉公司在数据获取和使用方面存在两种效应。一方面,公司可以充分运用用户数据,在自动驾驶系统等新技术上进行研发,有助于特斯拉汽车产品的改进,有助于开发更高性能、多样化的电动汽车产品,提升其在全球市场的竞争力。另一方面,庞大的汽车数据涉及用户隐私、道路交通和地点设施等多种要素,在不受法律规范的情况下,存在滥用数据、误用数据、侵害消费者利益的可能。另外,公司可能违规获取和出境重要数据,给个人以及国家的信息安全带来风险隐患。目前国际上的常用监管方法是通过在本地建立数据中心来实现数据本地化,确保国家对数据享有主权。各国对数据采集与处理的监管,也对特斯拉公司的发展产生重要影响。

二、特斯拉公司应对外国政府数据监管的策略

(1)境外数据中心建设

2021 年 5 月 12 日,为加强个人信息和重要数据保护,规范汽车数据处理活动,中国国家互联网信息办公室发布《汽车数据安全管理若干规定(征求意见稿)》,2021 年 7 月 5 日审议通过《汽车数据安全管理若干规定(试行)》,2021 年 10 月 1 日起施行。规定旨在规范汽车数据处理活动,保护个人、组织的合法权益,维护国家安全和社会公共利益,促进汽车数据合理开发利用。其中对数据本地化有明确规定,重要数据应当依法在境内存储,因业务需要确需向境外提供的,应当通过国家网信部门会同国务院有关部门组织的安全评估。未列入重要数据的涉及个人信息数据的出境安全管理,适用法律、行政法规的有关规定。汽车数据处理者向境外提供重要数据,不得超出出境安全评估时明确的目的、范围、方式和数据种类、规模等。

中国市场是特斯拉公司的战略性市场。为更好地在中国市场发展,特斯拉公司与中国监管机构合作,寻找数据安全的最佳解决方案。2021 年 5 月 25 日,特斯拉公司宣布在中国建立数据中心,以实现数据存储本地化,并将陆续增加更多本地数据中心。特斯拉公司明确所有在中国市场的生产数据、销售数据、服务数据和充电数据等都将存储在境内,同时通过数据加密、鉴权、访问控制等技术手段确保存储安全。特斯拉公司还承诺将向车主开放车辆信息查询平台。随后其他汽车厂商,如福特、宝马和大众等公司也相继对数据本地化表达各自态度。2021 年 9 月世界互联网大会乌镇峰会在浙江开幕,特斯拉公司首席执行官(CEO)埃隆·马斯克以视频形式发言表示,特斯拉已经在中国建立数据中心,只有在需要从境外订购备件等极为罕见的情况下,个别数据才会在获得相关批准后进行转移。

建立数据中心是跨国公司实现数据本地化要求的常规手段。比如欧盟对数据保护有着严格规定,在通用数据保护条例(GDPR)的框架下,许多互

联网公司纷纷在欧洲建立数据中心与欧盟进行跨境数据交流。爱尔兰则凭借低公司税、语言优势、人才集中和溢出效应等因素,成为欧洲数据中心的首选。总体来说,特斯拉在中国建立数据能够满足国家法规和战略要求,并为消费者带来更好的服务体验。

（2）数据传输分类管理

特斯拉公司在数据采集、传输与分享时采用分类管理的方法。具体方法如下。

一是通过网上信息平台与车主共享数据。2021年4月,特斯拉公司在北美地区上线信息数据平台,即EDR套件查询软件,用户能够自由查看车辆后台数据。车载EDR(event data recorder)是采集数据的重要汽车部件,中文名为行车数据记录仪,是集成在安全气囊控制单元内的一个软件模块。当系统检测到碰撞或类似碰撞的情况(如撞到道路障碍物)时,EDR会记录与车辆动力学和安全系统有关的数据,而在正常行驶条件下EDR不会记录数据。EDR被喻为汽车上的"黑匣子",能够记录车辆事故时碰撞前、碰撞时、碰撞后三个阶段的汽车运行数据,包括速度、ABS状态、方向盘的转向角度、气囊状态、车辆制动状态等。EDR数据在车辆本地存储且定格,存储后的数据采用加密技术记录,无法直接读取、修改、删除相关数据。EDR数据的读取通常需要专用设备与车辆进行物理连接,汽车企业也无法修改。车主若想获取车辆数据,需要购买一份EDR数据提取套件,包括提取数据所需的所有硬件,车主购买套件之后,还需要下载特斯拉EDR数据提取程序,并注册MyTesla账号,方能获取数据并将其导出为PDF文件。数据的原始形态只是一些语言符号,需要经过特斯拉"翻译"才能形成普通人能看懂的行车数据表格。EDR已成为汽车数据记录的重要部分,根据国家最新标准,自2022年1月1日开始,新生产的乘用车要求配备EDR。

二是车载远程信息系统记录数据,传输到特斯拉数据中心进行存储与管理。相比黑匣子EDR数据,远程信息系统记录的数据参数种类更多更细,只要车辆启动,数据就源源不断通过无线通道传给特斯拉的数据中心。当车主开启自动驾驶模式,即授权摄像头收集视频。在全世界各地行驶的特斯拉汽车会用摄像头捕捉各种场景的视频画面,并上传至数据中心,在云端进行识别处理,帮助 Autopilot 神经网络改进。特斯拉还通过内部和外部传感器,从所有车辆及其驾驶员处收集数据,包括获取驾驶员的手在仪器上的位置以及如何操作的信息。除了帮助特斯拉改进其系统外,这些数据本身也具有巨大的价值。

　　特斯拉汽车车载远程信息系统记录的数据,由车辆存储和数据中心存储。车辆维修过程中,可由特斯拉维修技师进行访问、使用和存储,个人用户想要获取车辆数据,需要通过书面申请或要求,公检法等政府监管部门才能提供。

第六章　数字经济税收政策

2019 年 7 月,法国率先通过数字服务税征收法案,英、德等欧洲国家相继发布征税意向,美欧关于数字税的激烈博弈,引发各国对数字经济税收政策议题的关注。2020 年 11 月 1 日,习近平总书记在《求是》杂志发表的《国家中长期经济社会发展战略若干重大问题》中提到,要"积极参与数字货币、数字税等国际规则制定,塑造新的竞争优势"[①]。我国作为数字经济大国,应高度重视数字经济带来的税收新挑战和新机遇,积极参与国际税收制度体系的重建,增强在国际税收规则制定中的话语权与影响力,提升税收治理现代化水平,为维护公平的国际税收秩序贡献智慧和力量。

第一节　数字经济税收内涵

数字经济的兴起深刻改变了传统经济模式与经济体系,但也给现有国际税收规则和利益分配格局带来新挑战。数字经济税收也称数字税,可分为向数字化产品征税和向数字化服务征税两种形式。数字化产品是指以数字形式存在且可以通过网络传输的产品,例如电子书、音乐播放软件等;数字化服务指可通过网络传输提供的服务,例如某音乐平台无损音质的播放服务,或者提供社交服务。

[①]　习近平.国家中长期经济社会发展战略若干重大问题.求是,2020(21).

第二节　数字经济背景下税收征管的挑战

随着数字经济的发展壮大,税收与税源背离问题加剧。传统的征税理念、征管制度、征收技术、税收管辖和税源分享办法等,已远远不能适应数字经济发展的新要求。数字经济业态的数字化、虚拟化、隐匿化以及可转移化等特征,也使传统税收框架面临挑战。

一、税收立法基础发生改变

传统税制立足于工业经济基础,以物质生产为主,产品具备有形化、实物化特点。数字经济依托互联网等新兴信息技术,产品主要包括两类,一类是数字化产品及服务,例如海量用户数据、技术软件、云服务等;另一类是有形产品数字化,例如电子图书、广告、游戏产品等。这些产品不拘于物理形态,具有数字化、虚拟化、交易的隐匿化和支付的电子化等特点,与传统税制所依托的实物产品差异较大,很难在现行的税制安排下进行合理的征收。

一方面,纳税人身份难判定。在数字经济下,交易通过互联网等媒介进行,考虑到交易的瞬时性、隐蔽性等,同一笔交易的参与方,例如生产者、销售者、消费者等很难被清晰准确地界定,交易链条更难完整追溯,为税收监管机构确定纳税人带来挑战。同时,数字产品的交易数量庞大,交易群体众多且分散,使得税收工作难上加难。另一方面,交易性质难划分。传统商业模式下,交易活动明晰,可以根据交易特征按照对应的税种征税。数字经济下,交易产品具有虚拟化、数字化的特点,很多交易从表面上看没有差别,但实质上存在差异,因此无法根据交易的特征对各类所得进行清晰的界定,例如营业所得、劳务报酬所得、特许权使用费所得、转让无形资产所得等,进而适用特定的税种征税。

二、传统税收管辖权受到冲击

在数字经济下,交易的数字化程度极高,很难根据传统税制下的经济关联、物理存在等原则进行税收管辖权的合理划分。

在居民管辖权方面,传统税制根据实际居住事实标准来界定个人的居民身份,根据注册成立地、总机构所在地、实际管理和控制中心地等物理存在来界定法人居民身份,实现所得税等税收的征收。在数字经济下,个人可以通过互联网享受到和某个征税国境内同样的数字化服务和产品,公司也可以通过数字化方式,在不设立具体物理存在或者使物理存在模糊化的情况下,为多个国家提供数字产品和服务。

在来源地管辖权方面,传统税收框架通常认为,只有在当地构成常设机构时,才可以对产生所得的经济活动或财产征税。但在数字经济环境中,很多商业活动是在线进行的,即使没有常设机构这样的物理存在,也可以实现交易的顺利完成。因此,数字经济的交易特点和由此带来的传统税收管辖权划分标准的模糊,使得传统税制在数字经济框架下受到挑战和冲击。

三、海关监管难度提高

在传统跨境贸易模式下,海关监管拥有国家立法规定的征税权力,可以对运输工具、货物、物品等跨境活动进行监管和征税。在数字经济模式下,互联网作为数字产品跨境贸易的连接媒介,可以不通过海关让另一国的消费者实现消费目的。但是,数字化产品在本质上仍属于商品范畴,虽然没有传统意义上物理角度的进出口,但数字产品的跨境贸易仍属于进出口贸易,理应纳入海关监管范围内。然而,在目前的海关监管规定下,征税所依托的核心规则还无法完全适应数字经济的新特点,例如商品的归类、完税价格的确定以及原产地的确认等,给海关监管和税收征收提出新挑战。

首先,数字贸易脱离了实物载体的限制,这也是区别于传统贸易的最大特点之一。以软件、电影、音乐等文化产品为例,传统贸易需要依托光盘、磁带等载体实现进出境,方便海关进行监管和征税。但在数字贸易模式下,交易可以直接通过网络传输进行。即使在产品的实质内容上没有任何差别,根据目前各国的关税征收体系,也只能对传统的实体有形货物征收关税,无法对数字产品的跨国传输征收关税。其次,现行关税制度中几乎没有关于数字产品定位的清晰规定。目前世界上只有美国等少数国家立法规定了数字产品的详细范畴,大多数国家对于数字产品是否征税以及如何征税莫衷一是,相应的法律和配套规定自然欠缺。再者,在海关征税实践中,关税主要针对少数确定的纳税主体,比如国际贸易中大型的跨国公司和进出口代理公司。在跨境数字贸易下,纳税义务人会成为大量分散的小微企业甚至是个体经营者,每个纳税人缴纳的税款将是极少量的,针对数量极大且金额不确定的小额税款进行征收,将造成征税成本的大幅上升,这违背了税收效率原则。最后,随着信息技术的发展,数字产品的流通领域无限延伸,数字产品的种类也在日益增加,消费者不出国门就可以通过互联网获得产品或服务,可以轻易绕过各种监管壁垒,逃避国内审查监管,隐匿在网络背后的交易双方难以被相关部门监管到,给海关征税带来较大挑战。

四、税收流失风险增高

一方面,数字经济背景下,由于税收管辖权的界定不明晰、常设机构利润的判定在各国之间存在差异,市场国或消费国无法行使税收管辖权,使本应征税的商业活动无法征税,造成税源流失。另一方面,即使拥有税收管辖权,按照现有的征管条件,企业也可以通过转让定价等行为,造成国家的税收流失。由于数字经济下的产品不拘于物理形态,可快速转让、转移和流动,为跨国互联网企业避税提供了便利。比如,跨国互联网企业可在高税率国家设立负责无形资产研发的研发中心,在低税率国家设立负责产品销售的运营中心,两个中心签订成本分摊协议,研发中心承担大部分研发成本,运营中心承担小部分研发成本,同时获得全部知识产权使用权和相关产品销售权利,由此跨国互联网企业通过无形资产的内部转让定价,将利润从高税负国家转移到低税负国家,实现高额避税。

根据目前的海关监管水平和税收征管模式,通过网络传输的数字产品,不需要向海关申报,也不需缴纳进口环节税,海关也未将在线传输的跨境数字产品贸易纳入监管范畴。这种与数字经济不相匹配的税收征管模式不仅不利于提高国家财政收入,也无法体现国家主权,不能避免税收流失。

五、可能引发国际贸易摩擦

跨国数字企业需要在不同东道国缴纳相应税额。这些无疑都会增加跨国企业的负担,其最终大概率会转嫁、分散到跨境数字贸易中,从而提高跨境数字贸易的税收成本和相关方纳税成本。

缺乏协调的数字服务税体系可能增加贸易摩擦,进而影响跨境数字贸易的准入和开展。单边碎片化和缺乏协调的数字服务税体系,可能因开征国的数字税制对国际互联网企业的不公平性或者歧视性,遭到国际互联网巨头实际所属母国(目前主要是美国)的反对,进而引起其母国与东道国之间的贸易摩擦,严重时可能还会影响未来跨境数字贸易准入或开展。由于数字服务税国际博弈直接关系到主要经济体数字企业和数字经济发展,预计这种博弈还将持续一段时间。

第三节　应对税收挑战的国际经验总结

一、夯实数字税征税理论基础

对数字经济活动进行征税具有合理性和必要性。首先,各国政府为数字经济提供公共网络基础设施和公共产品,使在线交易各方从中受益,因而各方应当按照受益多少向政府缴纳一定数量的税费作为代价。其次,数字消费过程中用户参与价值创造,产生额外利润,消费地应拥有对该部分利润的征税权。由此构成了各国对价值消费征收流转税,同时对价值创造征收所得税的理论基石,这为各国针对数字产品和服务课税提供了理论支撑。正如2020年《OECD/G20关于实现包容性数字税框架的"双支柱"路径的声明》提出的"用户参与"方案:用户数据是社交媒体、搜索引擎以及电子商务等数字经济业态价值的创造基础,因此赋予了用户所在国向相关数字平台征税的权利,且无论数字平台是否在本国有实体存在。

二、理顺数字税征管机制

(一)修改常设机构范围和认定标准

以常设机构存在与否作为传统税制的重要认定原则,已经无法适应数字经济高度数字化和虚拟化的交易特征。通过修改常设机构的范围和认定标准,使其覆盖数字经济的交易特性,可以在很大程度上缓解税收难题。例如,OECD 提出利用虚拟常设机构的概念来替代传统的常设机构,作为对数字交易征税的标准。虚拟常设机构分为三类:一是虚拟的固定营业型常设机构,主要指数字型企业借助一国服务器经营网站开展业务;二是虚拟的代理型常设机构,指在一国能经常代表企业与位于他国的人网签合同;三是现场营业存在型常设机构,指外国企业在消费者所在地提供现场服务或业务接口。这三种类型的虚拟常设机构扩充了传统税收框架下对企业常设机构的认知,为消费国征税提供了依据。

（二）修订联结度规则和利润分配规则

传统税制依据经济关联原则对交易链条上的交易行为和利润进行征税,但是数字经济下的经济关联原则和传统经济明显不同。为了解决这个问题,OECD 提出显著经济存在的概念,即如果某数字化企业在消费国的年度收入、用户数量以及与境内企业所达成的数字服务合同的数量达到一定规模,就认为该企业在消费国具有显著经济存在,那么消费国就有权对相关经济活动征税。随后,欧盟提出的"显著数字化存在"进一步细化了该思想,认为数字化企业具有明显的共性特征,即通过定期对用户数据进行追踪和分析,利用大数据进行商业活动再创造,从而产生巨额商业利润。因此,消费国有权对本国消费者信息创造的利润进行征税。

OECD 和欧盟都认识到数字经济下新型经济联系的显著特征,通过修改原有的联结度规则和利润分配规则,弥补税收体制的不足。只要满足相关数字化联系,如网签合同、广泛使用或消费、大额支付以及位于该国的分支机构向该国的客户提供与企业主营业务关联甚密的辅助功能等,数字化企业的经济活动就可以被征税。

（三）实行目的地或消费地征税原则,并实施逆向征税机制和"一站式征税"机制

欧盟规定,自 2015 年 1 月 1 日起,数字化货物和服务都由消费者所在地征税。同时,对 B2B 跨境交易采取逆向征收机制,由接受服务的本国企业作为增值税纳税主体;对 B2C 跨境服务贸易则采取"迷你一站式征税"机制,即当欧盟成员国的供应商异地销售超过一定标准,就必须在业务发生地

成员国登记注册并缴纳增值税。2017 年 12 月,欧盟又将"一站式征税"的覆盖范围扩大至非欧盟成员国,即就欧盟以外对欧盟各国的跨境电子贸易而言,销售商要在欧盟其中一国注册登记,并申报缴纳销售给欧盟的全部增值税,而不需要分别在各国注册、缴税。在税收执行上,由电子商务平台按照规定对这部分增值税履行代扣代缴义务。此外,OECD 发布的《国际增值税/货物劳务税指南》也明确了目的地原则为实质性管辖原则,主张将消费者所在地作为对跨境 B2B 服务供应商征收增值税的重要参数,并建议采用逆向征收机制。

三、实施数字税征收计划

数字税可分为向数字产品征税和向数字服务征税两种形式。征收数字税可以将游离在传统税收框架之外的经济活动纳入税收监管范围,有助于维护来源地税收管辖权。截至 2021 年,印度、意大利、奥地利、土耳其等全球 30 多个国家计划征收数字税,部分国家已出台单边数字税法案(见表 6-1),但在数字税的业务范围、征税对象收入门槛及税率等方面并未达成一致。

法国是最早发起和实施数字税的国家,2013 年便提出建立可跟踪用户数据的税收制度,根据企业对用户数据的利用程度制定相应的税率,对收集和使用数据换取的利润征收数字税。2019 年 1 月 1 日正式开始对符合条件的企业征收数字税。其征收对象是全球数字服务收入超过 7.5 亿欧元,且在法国应税收入超过 2500 万欧元的企业,并对其平台的广告收入、中介服务收入和个人数据销售收入三类收入征收税率为 3% 的数字服务税。相较奥地利和匈牙利只对在线广告征收数字服务税,法国的税基更广泛,包括提供数字接口、定向广告以及以广告为目的的用户数据传输。从税率的角度来看,各国也呈现出极大的差异。2020 年 4 月 1 日起,针对提供社交平台、搜索引擎和在线市场交易的企业,如果其全球销售额超过 5 亿英镑,且至少有 2500 万英镑的收入来自英国用户,英国将征收 2% 的数字服务税。但是,其他征收数字服务税的国家,例如匈牙利和土耳其等,税率达到 7.5%。

表 6-1　部分国家数字税征收标准

国家	征税标准
法国	对全球数字服务收入超过 7.5 亿欧元,且在法国应税收入超过 2500 万欧元的企业,征收其平台的广告收入、中介服务收入和个人数据销售收入总和的 3% 作为数字服务税
英国	对全球销售额超过 5 亿英镑,且国内销售收入达 2500 万英镑的企业,征收 2% 的数字服务税
捷克	对全球销售收入达到 7.5 亿欧元或国内销售收入达到 200 万欧元的数字界面广告业、多边数字界面的用户以及用户数据销售行为,征收税率为 7% 的数字服务税
奥地利	对年销售额超过 7.5 亿欧元的互联网企业征收 5% 的数字税
印度	在本国境内提供数字服务且本地年销售额超过 2000 万卢布(约合 26.2 万美元)的外国企业征收 2% 数字服务税

对此,美国展开反制措施。面对法国数字税提案,美国贸易代表办公室以"法国数字税歧视美国企业"为由,当即开展为期四个月的 301 调查,提出要对价值 24 亿美元的法国进口商品征收最高 100% 的关税,从而成功迫使法国放弃数字税。但其他欧洲国家并未因此放弃数字税改革。对此,美国扩大贸易制裁范围。2020 年 6 月,美国对意大利、西班牙、英国等 10 个贸易伙伴的数字服务税发起 301 调查,并退出 OECD 数字税谈判,美欧数字税争端愈演愈烈。

数字税在国际上无法达成共识主要是因为:第一,开征数字服务税本质上是从当前的既得利益者手中抢占"税收蛋糕",而拥有大量数字企业的国家往往是发达国家,征税难度显然较大。部分国家采取数字税单边行为进一步引发了税收竞争和关税威胁。第二,数字税设计的难点在于"数字企业基于消费国用户获取了多少利润,应该征多少税"。因此,如果不解决这些系统性问题,数字税推进会面临很大阻碍。

四、推进数字税征收国际合作

为尽快解决当前国际税制和数字经济不协调的问题,OECD 于 2019 年发布了《形成应对经济数字化税收挑战共识性解决方案的工作计划》。2021 年 10 月 8 日,G20/OECD 包容性框架召开第十三次全体成员大会,136 个辖区就国际税收制度重大改革达成共识,并于会后发布了《关于应对经济数字化税收挑战"双支柱"方案的声明》(以下简称《声明》)。《声明》中所包含的"双支柱"方案,致力于从两个层面解决经济数字化带来的税收挑战。"支柱一"突破现行国际税收规则中关于物理存在的限制条件,向市场国重新分配大型跨国企业的利润和征税权,以确保相关跨国企业在数字经济背景下更加公平地承担全球纳税义务。"支柱二"针对遗留的税基侵蚀和利润转移(BEPS)问题,希望通过建立全球最低税制度,打击跨国企业逃避税,并为企业所得税税率竞争划定底线。

第四节 数字经济税征收对我国的影响

一、有利于减少税基侵蚀和促进税收平等

传统税收管辖权在数字经济下难以兼容,国家无法对企业的交易活动进行征税,企业容易通过转移定价等方式实现避税,导致税收流失。通过重新议定更加合理的税收框架,可以实现税基的扩大和税收总额的增加。2021年10月8日,G20和OECD发布了《声明》。"支柱一"通过建立新的联结度规则调整税收分配原则,将大型跨国企业的部分征税权从企业注册地重新分配给市场经营地,即使跨国企业在市场国没有应税实体,只要达到营业额与利润率门槛就要承担相应税负,将征税标准从"实体存在"拓展至"经济存在",确保全球跨国企业在数字经济背景下更加公平地承担纳税义务。据OECD测算,"支柱一"将影响全球规模最大且最具营利性的约100家跨国企业集团,预计每年超过1250亿美元的利润会重新分配给市场国;"支柱二"设定全球最低税税率为15%,预计每年在全球范围内增加1500亿美元的企业所得税收入。数字经济税征收将有利于我国减少税基侵蚀,促进税收平等。

二、对我国数字贸易发展考验较大

数字税改革的设计初衷就是针对网络科技公司提供的跨境数字服务,

主要包括在线广告服务、数字中介服务、IT 服务、数据服务等方面,因此数字经济税征收对我国跨境电商、信息服务业、商业服务业等数字贸易相关行业考验较大。通过分析 2021 年福布斯榜单中符合"双支柱"范围的相关企业,受"支柱一"影响的中国企业有 8 家,其中包括腾讯、阿里巴巴等大型互联网企业。以各行业营业额占比作为受影响程度的替代指标,受"支柱二"影响较大的企业包含金融业 75 家、IT 服务 9 家。同时还需警惕税负成本转移,数字税收的"蝴蝶效应"可能引起成本和税负转移,即相关税负最终转嫁、分散到跨境数字贸易中,造成依靠跨境电商平台出口的外贸企业成本升高和消费者"被动担税"。如苹果公司为应对英国数字税征收,提高了对苹果应用商店中软件开发方的费用收取,亚马逊对销往英国的商品增收 2% 的服务费用,提价内容包括广告、托管、渠道等服务。

三、通过贸易转移促进海外投资回流

多个国家开始征收数字服务税的单边行动,可能产生一些贸易转移效应。例如,在开征数字服务税的国家,有相关经营业务的数字企业缴纳数字服务税后,如果不通过价格转嫁给下游,则企业息税后利润会降低;如果转嫁给下游,则下游企业成本上升。最后这些数字企业和其下游企业都需要在综合权衡利润变化后,再决定是否继续开发该国市场,又或者更为侧重开发其他未开征数字服务税的有潜力的市场。而尚未进入该国市场的数字企业也会对是否投资该国市场有所权衡,最终结果都是形成贸易转移。

通过合理地设置征税机制和征税体系,一方面,有助于削弱实际税负较低的国家和地区对投资的吸引力,促进部分海外投资回流国内,从而增加本国就业。另一方面,可以减弱企业进行投机行为的动机,将发展的着力点放在提高企业竞争力等方面,促进企业良性发展。

四、营商环境的重要性更加突出

一直以来,中国企业的境外投资也在利用国际税率套利参与避税。根据国家统计局数据,2020 年中国对外直接投资存量有 58.0% 在中国香港,零税率"避税天堂"占比 10.11%,包括开曼群岛 5.57%、英属维尔京群岛

4.54%,而两类地区税率均低于中国境内。根据"支柱二"全球最低税税率构想,综合税率低于15%的企业需要补缴相应税款,这将使得低税地区和"避税天堂"的税收竞争优势大大削弱,以往依靠超低税负吸引企业的发展策略恐难以为继。因此,跨境企业全球布局时将更加注重税率以外的营商环境总体水平。根据世界银行发布的《2020年营商环境报告》,中国营商环境总体排名上升15位,中国香港在190个经济体中位列全球最便利营商地的第三位。由于大力推进改革议程,中国连续第二年跻身全球营商环境改善最大的经济体排名前十。未来,高端人才储备、完善的数字产业链配套等都将为我国吸引优质海外投资、推动国际经贸合作打下良好基础。

第五节　政策建议

一、深化数字税规则研究,跟踪研判国际税改最新进展

密切关注"双支柱"方案的最新进展,深入研究"支柱二"立法模板,及时跟进"支柱一"立法模板及各条款的详细注释,重点关注收入来源地的规则确定、双重征税、撤销及中止所有单边数字服务税的具体规定、管理指南、安全港规则等议题研究。成立数字税研究小组,深入评估数字税对数字贸易发展的潜在影响,尤其关注税负传导和转嫁机制问题的研究应对。深刻认识数字税改革的全球大趋势,充分利用OECD、"一带一路"税收征管论坛平台,密切跟踪全球数字税最新政策和各国态度,尤其关注美欧数字税进展,动态研判美国可能对我国互联网企业开展的数字税打压。

二、探索构建以数字产品为核心的税收体系

为适应数字经济的蓬勃发展趋势,应根据数字产品的特性建设相协调的数字征税体系。一是优化数字经济营商环境,在市场准入、市场监管、国民待遇、最惠国待遇等国际国内标准上与时俱进,采取符合我国数字经济发展的政策,减少贸易壁垒,推动数字贸易进程发展。二是简化税收程序,提高征税效率以适应数字产品的特性。例如,考虑到我国"营改增"已有成效,

可在此基础上将数字产品税纳入"营改增"范围内进行试点,并根据实际试点结果进行相应调整。三是强化税收体系的统一性和优惠性,不仅能刺激数字经济的良性发展,还可以兼顾税收中立性原则。以数字经济下新的媒体中介和交易模式为例,我国可以考虑由第三方平台统一征收数字产品税,消费者支付的金额由产品本身的价值与应缴纳的税费共同组成,由第三方平台统一征收后再上缴到税务机关。四是加强不同部门之间的沟通与合作,形成有效的征收与监管体系,在发展数字经济的同时打造数字型政府,以便提供更好的服务和监管。

三、积极参与数字产品国际税收标准制定

在数字经济的推动下,新一轮全球贸易规则正在重构,中国作为全球最大的发展中国家和数字经济快速发展的国家,必须以积极的姿态参与国际规则制定。一是充分利用全球增值税论坛、联合国国际税收专家委员会、OECD 税收征管论坛、金砖国家税务局长会议、"一带一路"税收征管合作论坛等平台,探索建立国际数字税对话沟通机制以及争议协调机制,掌握最新数字税政策进展。二是基于我国互联网企业的业务特点,加快建立健全有关跨境数字服务和产品的增值税管辖权规则,探索通过正面清单等方式更清晰地界定数字产品和服务,从更理性、更公平的角度提出中国方案,争取在新的国际贸易规则中掌握更多的主动权。

四、推动企业尽快适应数字税收环境变化

根据数字税征收范围筛选目标企业,分类施策精准服务,推动我国企业尽快适应数字税收环境变化。鼓励腾讯、百度、阿里巴巴等受影响较大的互联网企业加强与当地税务部门、商协会组织沟通交流。引导企业把握"双支柱"方案生效前的过渡期,充分学习条款内容及立法模板,对现有财税系统进行升级、对境外运营架构进行审阅,提前做好应对方案。针对大型跨境企业,鼓励探索数字税收管理体系,提升税收风险管理水平,发挥行业示范和引领作用。针对中小型企业,加大法律人才、数字技术、财政资金等方面的支持力度,推动企业聚焦数字贸易核心业务建设及国际竞争力的提升。

第七章　数字知识产权保护

数字贸易是发展外向型数字经济的主要载体,极大地改变了全球化的发展方式、拓展了国际贸易的影响范围,为全球经济活动运行注入新动能。知识产权作为国际数字贸易治理的重要制度架构和制度支撑,是各国经济发展的重要战略资源,也是当前数字贸易规则谈判的重要内容。中国正处于由大向强发展的关键时期,如何赢得数字贸易规则制定的主导权、更好地利用国际知识产权规则为中国新时代数字经济发展添砖加瓦,是当前亟待解决的问题。

第一节　数字知识产权内涵

知识产权是基于智力的创造性活动所产生的权利的统称。知识产权主要包括两大组成部分:一是由发明专利、商标以及商品外观设计组成的工业产权实体权利;二是由自然科学、社会科学以及文学、音乐、戏剧、绘画、雕塑、摄影和电影摄影等方面的作品组成的著作权和版权。

随着以互联网技术为代表的信息通信技术的快速发展,人类社会进入了数字经济时代,传统贸易逐渐向数字贸易转变,知识产权的发展变化也受到了数字经济冲击和影响,数字知识产权应运而生,成为知识产权中的重要组成部分。数字知识产权是指在数字经济、数字贸易活动中发生的,依托于以互联网为代表的信息通信技术的知识产权。数字知识产权主要包括以下内容:一是数字内容版权,指所有者基于数字作品的传播所享有的版权及其相关权。二是网络中介责任界定,指利用互联网技术促成第三方在互联网中的聚合与交易的中介服务提供者,是介于数字知识产权直接侵权人与被侵权人之间,未直接参与侵权行为,在网络信息传播中发挥一定作用并有能力限制用户访问的主体。因此,网络中介服务提供者可能会被追究数字知识产权侵权责任。三是源代码保护,指一系列人类可读的计算机语言指令,用于编译计算机程序。源代码是软件类数字产品知识产权的重要部分,是企业的核心资产之一,同时也关系到一国的国家安全。

第二节　数字知识产权保护的国际经验

一、数字内容版权保护

美国数字内容产业高度发达,有关数字内容版权的保护走在世界前列。1998 年美国通过的《数字千年版权法》(DCMA),是美国为应对数字时代下新挑战而实施的重要法律。该法对网络服务提供商的责任加以限定,加强了数字环境下对版权的保护。2011 年美国版权界提出《禁止网络盗版法案》(*Stop Online Piracy Act*,SOPA),目的同样在于加强美国版权执法、打击网上版权侵权和假冒产品交易。而 DMCA 中最具知名度和影响力的内容——"避风港制度",在为数字内容版权保护提供重要法律指引的同时也饱受各国争议。随着网络版权侵权形势日益严峻,"避风港制度"的原有规则设定也不断受到冲击,各国逐渐掀起新一轮数字产品版权保护立法热潮。

欧盟在数字内容版权保护的规则制定上更加严格,并注重保护个人数据权益。欧盟与美国在数字内容版权保护问题上的出发点不同,美国立足于本国信息服务行业的发展,希望通过采取积极鼓励策略,维持自身在全球数字服务领域的优势地位。而欧盟各成员国数字经济发展水平严重不均衡,导致欧盟数字规则制定与实施的国际话语权与其自身国际经济地位长期失衡,因此欧盟希望通过推行互联网强监管模式提振自身网络版权产业。2019 年欧盟通过《单一数字市场版权指令》,要求视听内容分享平台承担"版权授权寻求义务和版权过滤义务",在一定程度上已经突破了"避风港制度"高度依赖版权人发出"侵权通知"的运行机制。同时,欧盟高度重视保护个人数据权益,2018年欧盟正式实施《通用数据保护条例》(GDPR),完善了数据权利体系、义务履行机制、数据跨境传输机制以及监管机制,并建立高标准的个人数据保护机制。

二、源代码保护

美国高度重视保护企业的源代码,积极推动其对数字知识产权规则的利益诉求。美国在数字经济发展中属于世界强国且具有较为完善的知识产权保护措施,高度重视保护本国企业尤其是软件类公司的源代码,因此在其主导的贸易协定谈判中,美国积极推动其对数字知识产权规则的利益诉求,要求进行源代码保护。美国主导建立的TPP中规定适用于"源代码非强制本地化"的软件仅限于"大众市场软件或含有该软件的产品,不包括关键基础设施所使用的软件"。在USMCA有关数字贸易知识产权规则的谈判中,美国直接以CPTPP为起点作出一系列深化,禁止成员国强制要求公开源代码(CPTPP第14.17条),强调数字贸易自由化的基本原则,要求避免不必要障碍的设置(USMCA第19.2.1条)。美国在多边和双边层面谋求扩展适用符合自身诉求的知识产权规则,包括将"开放源代码禁令"扩充适用于除大众市场软件之外的基础设施软件,将"算法""密钥"和"商业秘密"新增至"开放禁令"列表,强化"互联网服务提供商"在数字知识产权保护上的责任。

欧盟坚持数字贸易自由化的基本原则,但对其进行了合理限制。欧盟以更加灵活的方式应对强制披露源代码措施。欧盟在《日本—欧盟经济伙伴关系协定》(EPA)中阐述了支持数字贸易自由化的基本立场。协定第8.73.1条规定一方不得要求转移或获得另一缔约方的人所拥有的软件源代码。与美国"绝对禁止"的路径相比,欧盟更加灵活和务实,合理地考虑到特定情形下,对数字贸易自由进行限制的必要性。如对商业缔约和政府采购、法院、行政法庭或竞争管理机构要求纠正违反竞争法行为等情形下强制披露源代码的要求进行排除。

三、互联网中介责任界定

美国互联网中介服务责任适度宽松。美国《ISP 安全港条例》授予 ISP 中介平台免责条件和反通知权利。ISP"安全港"制度不增加对互联网中介平台的额外的知识产权保护责任,减轻了运营平台的成本负担。美国国内对于互联网服务提供商责任的界定相对完善,要求"第三方利用平台服务在合法平台上创建和分享非法信息,平台方不对非知识产权的侵权损害承担责任"。网络中介机构如发生侵权行为,只要实施侵权通知和撤除制度,不承担侵权责任。

欧盟则是通过负面清单的方式来界定中介服务者的责任。1999 年欧盟委员会在《与电子商务有关的法律问题指令的建议草案》和《著作权指令草案》指出,若中介服务商独立于所传输的信息,对信息不传播、不发送,则服务商就不用承担相关的法律责任。2019 年,欧盟推出《数字版权指令》,该指令新增了"在线内容分享平台的特殊责任"(第 15 条)以及"链接税"(第 17 条)等条款,在版权人、权利人组织、互联网企业等利益相关方之间引发争议。这对主要数字经济国家带来较大影响,其出台很大程度上考虑了版权保护与欧盟《通用数据保护条例》有关个人信息保护的衔接。

第三节　数字知识产权保护的浙江实践

2021 年 4 月,"浙江知识产权在线"正式上线,标志着浙江知识产权保护进入数字化改革时代,向引领型知识产权强省建设迈出坚实步伐。浙江省越来越重视数字知识产权的保护,为此提出一系列政策,积极开展数字知识产权保护工作,以下主要从数字内容版权保护、互联网平台和源代码保护三个方面进行梳理(见表 7-1)。

第一,数字内容版权保护。为正确审理网络著作权侵权纠纷案件,2009年浙江省高级人民法院制定了《浙江省高级人民法院民事审判第三庭关于审理网络著作权侵权纠纷案件的若干解答意见》。2021 年,阜博集团的附属公司与浙江文化艺术品交易所签约合作,共同打造领先的数字版权保护交易平台。

表 7-1　浙江省出台的数字知识产权保护政策

类别	时间	文件	内容
数字内容版权保护	2009 年 10 月	《关于审理网络著作权侵权纠纷案件的若干解答意见》	对审理网络著作权侵权纠纷案件遇到的疑难问题进行解答
互联网平台	2019 年 11 月	《浙江省公共信用信息平台网络安全管理暂行办法》	明确公共数据开放与安全管理体制;建立健全公共数据有序开放机制;规范公共数据合法正当利用;加强公共数据安全保护;强化监管职责和法律责任
	2020 年 6 月	《浙江省公共数据开放与安全管理暂行办法》	规范和促进本省公共数据开放、利用和安全管理,加快政府数字化转型
	2021 年 3 月	《关于进一步加强监管促进平台经济规范健康发展的意见》	规范平台经济发展,强化平台经济领域的反垄断和资本无序扩张监管
	2021 年 7 月	《关于加快依法治网体系建设的实施意见》	建设依法治网体系,加大网络执法联动力度
	2021 年 9 月	《浙江省电子商务条例》	规范电子商务行为,优化电子商务发展环境
源代码保护	2020 年 7 月	《商业秘密保护工作指引》	建立商业秘密保护体系,加强商业秘密管理

第二,互联网平台。为推进网络空间法治化,浙江省互联网立法走在全国前列,制定出台多部全国首创的地方性法规规章。2019 年,浙江发布《浙江省公共信用信息平台网络安全管理暂行办法》,以防范省信用平台被攻击、侵入、干扰、破坏以及公共信用数据被泄露、窃取和篡改等非法使用的能力、状态和行为。2020 年,浙江审议通过国内首部省域公共数据开放与安全管理立法——《浙江省公共数据开放与安全管理暂行办法》。2021 年,浙江省在全国率先制定出台《关于进一步加强监管促进平台经济规范健康发展的意见》,并上线全国首个平台经济数字化监管系统"浙江公平在线",构建全链条闭环监管机制,推动平台经济整体"智治"。

同时,浙江省也加快推进《浙江省电子商务条例》等地方性法规立法进程,加强省内互联网领域立法探索,进一步细化明确平台企业的权利义务、管理责任和监管机制,促进立法决策与改革决策有效衔接,为平台经济发展提供地方法治保障。

第三,源代码保护。目前,数据库(源代码)成为同行业公平竞争的商业秘密,商业秘密为企业带来经济利益与社会价值。为规范和提升商业秘密保护工作,2020 年浙江省市场监督管理局发布了《商业秘密保护工作指引》,并建立商业秘密保护示范区及商业秘密保护示范站(点)。2020年,浙江省杭州市市场监督管理局办结一起软件源代码领域侵犯商业秘密案件;2021 年,西湖区市场监督管理局办结浙江省首例侵犯计算机源代码商业秘密案件。

第四节　数字知识产权主要问题探析

数字知识产权是国际数字贸易规则中的重要准则,是各国发展数字经济、数字贸易的重要战略资源。当前,全球数字贸易规则正处在逐步成型的过程中,以美国、欧盟国家为首的发达国家纷纷抢占相关规则制定的主导权。现有关数字知识产权问题的分歧主要表现在:以美国、欧盟国家为代表的发达国家主张高标准的 trips-plus-plus,希望在 FTA 中不断强化对知识产权保护的相关规定;而新兴经济体则面临 trips 与新兴经济体国内宽松知识产权体制的兼容问题。同时,中美两国在产权问题上纠纷不断(见表 7-2)。归根结底,数字领域中知识产权问题主要表现为"数字内容版权""网络中介责任界定"和"源代码保护"三个方面。

表 7-2　中美数字知识产权纠纷典型案例(2010—2021 年)

年份	矛盾纠纷点
2010	USTR 指责淘宝平台销售假冒商品
2011	Novatel 起诉中兴侵犯其 MiFi 移动热点设备的 5 项专利
2012	InterDigital 起诉中兴、华为侵犯其无线通信领域专利

续表

年份	矛盾纠纷点
2013	美国超导起诉华锐侵犯其计算机软件著作权和商业秘密
2017	Inter 起诉中兴侵犯 4G 手机终端专利
2019	Dareltech 起诉大疆故意侵犯专利权
2021	世博公司未经许可复制、安装及使用欧特克公司享有著作权的 Autodesk3dsMax 系列计算机软件

数据来源：USTR 网站，https://ustr.gov/issue-areas/intellectual-property/Special-301；中国保护知识产权网，http://www.ipr.gov.cn/index.shtml.

一、数字内容版权保护力度有待加大

数字版权保护（digital rights management，DRM）是对网络中传播的数字作品进行版权保护的主要手段，包括在数字内容交易过程中对知识产权进行保护的技术、工具和处理过程。DRM 贯穿数字内容从产生到分发、从销售到使用的整个内容流通过程，涉及整个数字内容价值链，对维护产权所有者合法权益具有非常重要的意义，是约束盗版行为的有力武器。目前，世界各国致力于完善数字内容版权保护制度，但仍存在数字版权保护不力问题。长期以来，消费者习惯以免费方式获得网络资源，数字内容版权保护力度相对不足。然而随着数字产业的不断发展，很多公司在免费业务基础上加入了更高质量的收费业务，数字版权保护的重要性日益增强。数字环境下，传统版权保护力不从心，未来需进一步提升数字内容版权保护水平。

二、源代码保护的边界有待厘清

数字产品和服务中的源代码、专用算法和商业秘密是企业的核心资产，开始成为知识产权保护的重点。目前 WTO 框架下的货物和服务贸易规则，主要是针对互联网传送和接收文本，以及数字化信息过程，对于如何处理数字信息并没有明确规定。目前许多国家对于软件源代码获取的业务监管要求仅限于服务对象为金融机构和金融监管部门的电子商务企业，以"安全可控"为由要求披露软件源代码的政策可能会引起外商投资者的顾虑，甚至可能会与其他国家产生冲突,造成贸易争端。

三、互联网中介责任界定有待明确

在数字贸易发展中,互联网是最核心的因素,与互联网相关的网络中介服务商对数字贸易规则也有十分重要的影响。跨境电商相关经营过程涉及众多国家与地区,法律体系、政策取向、制度环境都各具特点,保护水准亦存在明显差异。尽管知识产权制度在各国立法层面已经通过国际公约部分达成共识,但是互联网中介责任界定涉及的知识产权问题属于前沿新兴领域,距离形成相对统一的国际标准仍有相当距离。尤其是发展中国家的互联网中介责任界定规则体系有待完善。相较发达国家,发展中国家信息保护的技术起步较晚,防范网络信息泄露以及用户受到攻击的能力还有待提升,为确保用户信息不被非法收集处理和利用,防止用户系统被非法干扰和控制,发展中国家往往实施多种网络内容的审查措施,加强对网络不良内容传播的管控。

第五节　提升数字知识产权保护的建议

一、探索构建浙江数字内容版权保护体系

依托浙江自贸试验区搭建数字版权交易平台,带动知识产权保护、知识产权融资业务发展,建设形成浙江省数字内容版权保护体系。一是引入区块链技术,打造全链路生态体系。通过区块链技术,将同一平台内的数字作品与版权流转记录等信息计入区块链中,解决数字内容的确权、用权、维权、交易等问题,实现数字版权登记、智能交易、侵权监测等功能,打造低成本、强保护、高交易效率的全链路数字版权保护生态体系,促进浙江数字版权交易健康发展。二是引入 5G 技术,开发版权安全防护系统。浙江省自贸试验区可以引入第三方版权保护产品或者加大投入研发自己的版权保护产品,同时将版权运营与 5G 技术密切结合,促进版权保护业的发展。三是搭建一站式版权服务平台。包括版权所有方、版权中介方、版权需求方等多方

主体在内的,集版权作品、版权交易的查看、比对、审核、维权在内的一站式版权服务平台,实现对数字版权内容的多维度全时段监测,为数字版权保护与维权提供举证、取证等一系列服务,为数字版权保护提供安全、可靠、可信的服务化平台。

二、积极开展源代码保护试点工作

依托浙江自贸试验区,积极开展试点工作,着重解决中外企业对源代码保护和强制技术转让的顾虑,将安全审查限制在有限范围内。一是分类监管,精准施策,提高规则透明度。建立分类管理制度,即根据源代码类别、所属行业等建立分级管理制度,合理地对数字贸易自由进行限制。如对于敏感度较低的软件可以不作强制公开要求,而敏感度高的软件须以安全为前提,要求企业有条件公开。给出不适用开放禁令的基础设施软件类别的"否定清单",并承诺只用于审查,不与本地企业共享,提高规则与执法透明度。二是加强数字知识产权保护执法力度,营造良好数字产业营商环境。同时,通过税收、金融等多措并举,鼓励本地企业与外商开展技术合作,缓解在源代码保护和强制技术转让等方面的冲突。

三、健全互联网中介责任制度

互联网中介涉及的数字知识产权保护问题主要集中在中介商审核以及侵权行为界定两个方面。一是助推区块链技术应用,完善互联网中介审核与责任界定。利用区块链技术去中心、难篡改、可追溯、可扩展、开放透明的特点,强化对互联网中介服务商的管理,降低中介服务商审核发布内容是否侵权的难度,帮助相关法律部门清晰界定中介服务商是否涉及侵权行为,提高行政执法水平与效率。二是构建权责范围明晰的互联网中介管理体系。按照控制能力和认知能力对中介服务商进行责任分配,进一步界定中介服务商责任豁免的范围;将侵权责任相关法律中的"通知和删除"管理体系扩展至"通知和反通知"、恶意投诉赔偿规则以及法律救济等方面,强化ISPs监管义务;采用"负面清单"进一步细化权责,明确主体责任承担问题,实现有限制的逐步放宽。

第八章　数字人民币与数字支付

我国数字人民币研究进展迅速,试点应用场景日益丰富,初步形成"10 个试点城市＋1 个冬奥会场景"(10＋1)的试点格局。截至 2021 年 10 月,累计开立数字人民币钱包约 1.4 亿个,累计交易笔数约 1.5 亿笔。11 月 3 日,中国人民银行数字货币研究所、中国香港金融管理局、泰国中央银行、阿拉伯联合酋长国中央银行共同发布了"多边央行数字货币桥(m-CBDC Bridge)项目"用例手册,展示了数字人民币在跨境支付方面的极大潜力。跟踪当前数字人民币研究进展,分析其重要机遇与挑战,有助于深化认识,在数字金融领域取得新的突破。

第一节　数字人民币的发展概述

一、数字货币的发展历程

数字货币是运用数字技术的一种新的货币形态,最初是基于数字算法并依托于区块链运行的。随着数字签名和加解密等技术实现革命性突破,数字货币具备了开放性和安全性的基本属性,适用性大大提升。同时,数字货币逐渐由私人发行向中央银行主导发行过渡,体现了国家与私人发行者之间就数字货币供应控制权展开博弈的过程。

（一）数字货币 1.0 阶段:加密数字货币

加密货币是指存在并且运行于公有链上的私人数字货币。作为一种数字化的货币形态,加密货币是基于分布式记账的数字化点对点交易媒介。在全球范围内存在的数千种加密货币中,比特币(bitcoin)是规模最大、最具有代表性的。加密货币的特征主要体现在以下三个方面:第一,加密货币本身不具有内在价值。其交换价值并非来自其作为货币的内在价值,而是来源于使用者的共识,即使用者之间认可加密货币能够流通并用于商品交换。同时,区块链不具有国家信用背书,而是使用算法信用背书。第二,加密货币采取的是去中心化的管理方式。加密货币借助区块链账本记录和确认所有交易,且其交易记录或分类账本是完整的、不可更改的,平台的所有用户均可按时间顺序访问完整的历史记录,包括交易相关方、数字货币的金额及交易时间等。第三,加密货币的发行量和发行范围有限。以比特币为例,其发行总量固定,且新币的发行要遵循一个预先设定的时间表。

(二)数字货币 2.0 阶段:稳定币

为了改变加密货币无锚定价值的局限,保证数字货币的币值稳定,一些私人机构开始尝试发行具有锚定价值的数字货币,即稳定币。最初的稳定币,如泰达币(USDT),便能够与美元按 1∶1 的比例进行兑换,从而锚定美元。目前,备受关注的稳定币是 Facebook 公司[①]发行的天秤币(Libra,已更名为 Diem),其储备资产是由一篮子主权货币和政府债券所组成的。稳定币的优势主要体现在以下两个方面:首先,稳定币相较于数字货币而言,获得了一定的价值支撑。稳定币设置了与法定货币挂钩的储备资产机制、有效兑付及数量调节机制,有助于防止币值剧烈波动,以建立人们对其币值的信心。其次,稳定币延续了加密货币的去中心化优势,并在交易中进行适度的中心化改良。既使用中心化处理技术保障了运转速度,同时沿用区块链技术保证了交易的公开和透明。

(三)数字货币 3.0 阶段:法定数字货币

法定数字货币,也被称为央行数字货币,是指由一国央行基于国家信用发行的数字货币,允许持有者以数字方式存储价值和进行支付,并同实物货币一样得到本国中央银行的支持。法定数字货币通过对交易系统、发行模

---

① 2021 年 10 月 28 日,马克·扎克伯格宣布 Facebook 将更名为 Meta.

式以及运营模式等方面的重新设计,能够克服比特币等去中心化数字货币
存在的拓展性不足、价格不稳定以及缺乏宏观调控手段等问题。法定数字
货币一般具备安全性高、易追踪、点对点支付等技术特点,既可以用于批发
端,进行机构之间的结算,也可以作为零售端货币,部分或全部替代现金,适
应日常零售小额支付场景。目前各国央行基本在这两个方向开展法定数字
货币的相关研究。

二、数字货币研发动态

国际清算银行 2020 年的一项调查结果显示,65 家央行中 86% 已深
入开展法定数字货币研究,研究重点为法定数字货币所涉及的政策关联
性、政治经济环境的优势与劣势等。巴哈马央行于 2020 年 10 月正式推
出 Sand Dollar,全球迎来第一个真正实践意义上的法定数字货币。2021
年 2 月,中国人民银行数字货币研究所与中国香港金融管理局、泰国中央
银行、阿拉伯联合酋长国中央银行宣布联合发起多边央行数字货币桥研
究项目。美国、英国、俄罗斯、瑞典、新加坡、日本等国央行及欧洲央行,近
年来均以各种形式公布过针对法定数字货币的筹划、实验和评估。主要
国家央行数字货币的研究情况见表 8-1。

表 8-1　主要国家或国际组织央行数字货币的研究情况

进展情况	国家/国际组织	研究内容
研究阶段	美国	构建并测试数字货币潜在用途,对区块链和 DLT 进行试验
	日本	开启数字货币第一阶段测试
	俄罗斯	计划创建数字卢布原型平台并启动测试
	英国	英国财政部与央行成立专项小组,全力推动法定数字货币的研发
	欧盟	数字欧元项目获准进入调查阶段
	泰国	与中国香港金融管理局合作探索批发型法定数字货币项目 Inthanon LionRock
	法国	法国银行公开招标,启动法定数字货币与代币化资产结算项目

续表

进展情况	国家/国际组织	研究内容
试点阶段	中国	有序推进数字人民币的研发和测试,已在 10 个城市和冬奥会场景开展零售支付试点
	瑞典	开始 e-krona 试点,用户可以通过手机、信用卡或智能手表支付
	新加坡	Ubin 项目首次内测,目前处于第五阶段
	乌拉圭	实施"数字票据发行试点计划"的法定数字货币 epeso 试点项目
	乌克兰	获准发行数字货币 e-hryvnia,设置监管沙盒,以工资发放作为优先试点
	韩国	启动为期 22 月的试点项目,并将试点分为三个阶段
发行完成	巴哈马	正式推出 SandDollar,成为首个正式推出法定数字货币的国家。仅限于国内使用,不可用于境外支付
	柬埔寨	正式上线 Bakong 项目,连接 11 家国内商业银行和支付处理商,使得参与者能够从支付网关直接向终端用户提供服务
	东加勒比	推出 Dcash,覆盖安提瓜和巴布达、格林纳达、圣基茨和尼维斯、圣卢西亚

三、中国数字人民币研发进展

(一)中国数字人民币的研发背景

中国正处于由高速增长转向高质量发展的阶段,以数字经济为代表的科技创新逐渐成为驱动发展的重要力量。伴随区块链、物联网、云计算、大数据、人工智能等数字科技的快速发展,数字经济也不断涌现新模式和新业态。从需求层面来看,数字人民币作为一种更加安全、更加高效的支付工具,既是数字经济发展倒逼数字支付创新的必然结果,也是货币在数字经济大背景下寻求数字化转型和突破的客观要求。从供给层面来看,数字人民币是金融科技创新推动支付基础设施朝数字化转型的手段和方法,也是法定货币从实物形态走向数字形态的必然趋势。此外,数字人民币的研发有助于提升金融系统的稳定性,防范私人数字货币无序发展给货币政策、清算体系、跨境资本流动管理等带来的负面影响。

（二）中国数字人民币的研发进程

我国数字人民币的发展进程可以分为研发阶段和试点阶段。自 2014 年中国人民银行组建法定数字货币研究团队以来，我国对数字人民币的可行性进行了深入的论证和一系列的研究与实验。2019 年 8 月，中国人民银行正式对外公布数字人民币的研究和发行准备情况，开始进行封闭测试，数字人民币进入试点阶段，进展十分迅速（见表 8-2）。第十三届全国人民代表大会第四次会议批准的《中华人民共和国国民经济和社会发展第十四个五年规划和 2035 年远景目标纲要》中，明确指出要"稳妥推进数字货币研发"。这说明数字人民币的推进是新发展格局下促进经济社会高质量发展、实现国内国际双循环互促局面的重要战略着眼点。

表 8-2　中国数字人民币的研发进程

阶段	时间	研究进展
萌芽阶段	2014 年	央行组建专门的法定数字货币研究团队
	2015 年	发布数字货币系列研究报告，原型法案完成两轮修订
	2016 年 1 月	央行召开数字货币研讨会，首次提出对外公开发行数字货币的目标
	2016 年 7 月	央行启动基于区块链和数字货币的数字票据交易平台原型研发工作
	2016 年 12 月	央行完成首个区块链相关试验
酝酿阶段	2017 年 2 月	央行基于区块链技术的数字票据交易平台测试成功
	2017 年 3 月	央行科技工作会议强调构建"以数字货币探索为龙头"的央行创新平台
	2017 年 5 月	央行数字货币研究所正式挂牌成立
	2018 年 1 月	数字票据交易平台试验性生产系统成功上线试运行
	2018 年 3 月	央行 2018 年全国货币金银工作电视电话会议，指出"稳步推进央行数字货币研发"
	2018 年 6 月	央行数字货币研究所在深圳成立"深圳金融科技有限公司"
	2018 年 9 月	"南京金融科技研究创新中心"和"中国央行数字货币研究所（南京）应用示范基地"揭牌成立

续表

阶段	时间	研究进展
发展阶段	2019 年 3 月	央行数字货币研究所联合苏州市成立"长三角金融科技有限公司"
	2019 年 8 月	央行正式对外公布数字人民币的研究和发行准备情况,开始封闭测试
	2020 年 10 月	央行公开发布《中华人民共和国中国人民银行法(修订草案征求意见稿)》,在法律上明确规定人民币包括实物形式与数字形式
	2021 年 3 月	《中华人民共和国国民经济和社会发展第十四个五年规划和 2035 年远景目标纲要》明确提出"稳妥推进数字货币研发"
	2021 年 10 月	累计开立数字人民币钱包约 1.4 亿个

(三)中国数字人民币的运营模式

数字人民币作为我国法定货币的数字形式,具备价值尺度、交易媒介、价值贮藏等基本货币职能,目前主要定位于现金类支付凭证(M0)。数字人民币采用中心化管理、"央行—商业银行"的双层运营体系。即人民银行在数字人民币运营体系中处于中心地位,负责向作为指定运营机构的商业银行发行数字人民币并进行全生命周期管理,指定运营机构及相关商业机构向社会公众提供数字人民币兑换和流通服务。在这一双层运营体系下,数字人民币的发行和流通可划分为三个层次,第一层次是央行对数字人民币的发行、回笼,以及各指定运营机构间数字人民币的转移;第二层次涉及数字人民币在指定运营机构和个人或机构数字人民币钱包之间的流通转移;第三层次则是数字人民币在个人或机构数字人民币钱包之间的流通和转移。

第二节　数字人民币发展的机遇与挑战

一、发展机遇

(一)数字人民币有助于打破支付壁垒

伴随网络技术的蓬勃发展,以商业银行存款货币为基础的支付工具已逐渐实现电子化,但商业银行存款货币未能发挥法定货币的价值尺度和记账单位功能。而移动支付以商业银行存款货币为基础,较好地满足了经济发展的需求,同时培养了公众使用电子支付工具的习惯。当前的电子支付的效率仍存在很大的提升空间。例如,持牌的第三方支付企业之间,尚未做到对市场的全覆盖,且服务生态均有一定的封闭性和局限性。更重要的是,作为头部第三方支付服务商,可以利用其在支付市场的主导地位,对用户的支付方式进行限制。例如,用户在使用淘宝时,无法选择微信支付作为付款方式,而在京东商城中亦不存在支付宝的付款选项等。此外,用户在不同支付系统之间进行资金转移,需要支付高昂的手续费,且资金清算速度缓慢。这些支付壁垒给用户带来烦琐的移动支付体验,而数字人民币的出现有助于打破不同系统之间的支付壁垒。数字人民币作为央行直接提供的数字化现金供给,和传统法定货币一样,具有无限法偿地位。只要完善相应的金融基础设施建设,使得商业银行和用户数字人民币钱包在技术上实现无缝对接,数字人民币便能够直接成为线上和线下交易场景中任何人不可拒绝的支付工具。

(二)数字人民币有助于提升跨境贸易的支付便利化水平

造成跨境支付系统交易成本过高的主要原因是跨境支付链条过长。而稳定币基于区块链技术,能够大大降低跨境支付的复杂性,实现全天候、点对点、快速且成本低廉的跨境支付。在加快交易进度的同时,还会节省大量的手续费,推动跨境支付活动降本增效。数字人民币与稳定币类似,亦可应用于跨境支付。相较于稳定币,数字人民币在加密算法、区块链、分布式记账等技术的演进过程中,在价值尺度、支付手段及交换媒介等基本货币职能之上,实现了对传统货币的创新性优化和数字化赋能,能够在跨境支付体系重构中担任更加重要的角色。此外,基于区块链的跨境支付网络,具有客观中立、多边参与者共同治理等特征,参与者处于相对平等的地位。基于此,数字人民币有助于改变美元在跨境支付体系的霸权地位,打破跨境支付体系对美元的依赖。加强数字人民币在跨境支付体系中的应用,既有利于跨境支付效率的优化与提升,促进跨境支付手段的便利化发展,也有利于改善当前跨境支付体系权利失衡的问题,推动与时俱进的跨境支付新体系形成。

（三）数字人民币有助于推动金融科技领域的智能化发展

随着数字人民币应用场景模式的不断拓展,包含不同信息的网络能够相互叠加,使得多个复杂网络交集数据的意义和价值大大提升。数字人民币具备"可控匿名"的特征,即对交易对手而言是匿名的、对央行而言是透明的,在满足日常交易过程中普通用户隐私需求的同时,可追溯的完整账本能够为分析账户以及交易中的有价值信息提供原始数据。因此可以在数字人民币的应用场景中,开发分析挖掘应用,辅助进行决策分析和风险防控等。一方面,通过大数据分析可以更好地感知社会消费情绪,衡量货币流通速度,从而进一步完善货币政策。另一方面,借助大数据分析、云计算等技术,政府可对交易数据进行智能监管,能够有效防范犯罪。通过调控监管指标分析支付行为、掌控数字人民币流通,确保交易的合法性,对洗钱等违法行为进行合理监管与防范。此外,智能合约等新技术激发下的潜在数字人民币应用场景,具有更加复杂的数据架构和数据模型,也对数据质量和数据标准提出了更高的要求,要求金融科技领域加强智能化应用的创新与研发,有助于推动金融科技领域深入完善数字化机制转型。金融科技领域的智能化发展,能够更好地满足数字贸易企业的实际需求,扶持、培育壮大数字贸易的市场主体。

二、面临挑战

（一）数字人民币对支付机构及商业银行产生替代效应

数字人民币在制度和技术设计上采取了双层运营架构体系,商业银行、基础网络运营商和第三方支付机构均位于双层运营体系的第二层,是中国人民银行授权数字人民币的运营方,直接面向公众提供数字人民币相关服务。虽然双层运营体系的运营方案考虑到对现行金融体系的兼容性,在巩固货币主权地位的同时,充分发挥了商业银行在运营方面的优势。但数字人民币作为一种更安全、低成本的零售电子支付方式,其发行在短期内仍然会加剧支付行业的竞争,而竞争的升级可能对支付机构和商业银行等部门形成严重挑战。例如,数字人民币可能会诱导居民"存款搬家",削弱商业银行的信用创造能力,直接对商业银行的存贷业务产生挤出效应。同时,零售支付不仅是资金转移行为,也是公众的社交方式之一,具有很强的网络外部效应,若用户形成一定的支付习惯,在后续支付中数字人民币会对现有第三方支付工具产生替代效应。另外,数字人民币的可控性、匿名性可能在技术上进一步制约第三方支付机构采集客户交易数据的能力和渠道,从而影响第三方支付机构的既得利益。

(二)数字人民币的应用场景存在局限

目前来看,数字人民币试点大多采取向特定人群定向发放数字人民币"红包"的方式,以摇号抽签的形式进行投放,且以零售支付场景为主。从形式上来看,数字人民币"红包"实验是地方政府将特定数量的数字人民币通过摇号的方式发放给公众;从资金来源来看,主要是地方政府的财政资金;从所需的技术支持来看,包括数字钱包客户端的下载安装和商家支付终端的优化升级;从使用规定来看,数字钱包中的货币需要在严格限定的时间内、在指定的商家进行消费,不能转给他人、亦不能兑回至本人银行账户。数字人民币"红包"的发放具有严苛的时间限制和消费场景限制,其本质是政府补贴支持下的"促消费"活动。这些实验的核心任务是对数字人民币设计框架内的新支付清算系统进行测试,判断其是否能够满足实际零售交易的需要。因此,这并非市场化的数字人民币发行过程。另外,多轮试点均以"红包"形式发放数字人民币,对于推广数字人民币而言具有较强的同质化特征,易造成推广上的疲态,并非长期的发行选择。当积累一定经验后,探索更加新颖且可长期沿用的试点活动方案是十分必要的。从试点活动和应用落地的角度,如何体现出差异性的推广形式和应用场景是值得思考的问题。

（三）数字人民币的虚拟化与跨境化加剧洗钱等犯罪活动

虽然数字人民币将区块链技术等数字货币的创新实践,与中央银行的发行和监管体系进行了有机结合,同时通过可控、匿名的技术处理方案,减少了匿名性造成跨境支付监管失效的隐患。但相较于传统主权信用货币而言,数字人民币具有流通速度更快、流通范围更广、流通规模变化更迅速等特点。因此,针对传统主权信用货币发行和流通的监管措施对数字人民币仍可能失效。这对数字人民币的发行与流通监管提出了挑战,需要进一步创新金融及货币监管的制度和技术。此外,作为一种新的货币形态,数字人民币也在积极探索在跨境支付中的应用场景和应用方式。当实现跨境支付和流通时,将面临更多复杂的问题,如各个国家之间对法定数字货币的互认与兑换问题,发行标准、运行架构、技术路线的差异问题,技术条件的限制问题,以及各国政府对跨境资金的管控和反洗钱监管制度问题等。若监管主体的监管权责划分不明晰、监管规则和监管能力差异性较大、监管有效性与保护隐私无法平衡,不仅可能引致金融秩序的混乱,诱发各种类型的货币与金融危机,还可能加剧资本外逃、金融欺诈、洗钱犯罪活动等金融犯罪活动。因此,如何对数字人民币进行有效的监管,是数字人民币发行与流通面临的重要挑战。

第三节　数字人民币和数字支付协同发展建议

一、以金融科技创新监管试点为抓手

浙江省可以考虑将与数字人民币相关的应用项目,纳入杭州市金融科技创新监管试点,发挥新兴技术优势,以监管技术创新应对金融科技创新,积极探索符合数字人民币内在发展规律、高度适配我国国情的金融科技监管路径。根据数字人民币的顶层设计,包括法律定位、发行机制、隐私保护、权责边界等,从监管科技的角度出发,探索构建区块链监管体系、协同监管框架的具体路径。设置经济运行动态分析和风险预测预警机制,对数字人民币的发行产生的经济、金融及社会的多维影响进行实时风险监测,以便及

时掌握重要信息,防控潜在风险,提高金融科技创新监管的前瞻性和有效性,为数字人民币的测试、发行以及流通保驾护航。

二、建立数字人民币技术平台

浙江省应发挥利用金融科技创新的技术比较优势,借助企业平台协调市场与政府之间的关系。以蚂蚁集团与央行数研所签署技术战略合作协议为契机,建立数字人民币技术平台。一方面,扮演"应用连接器"角色。帮助商业银行更好地联通实体经济场景和商家,发挥本省在供应链、场景、技术方面的资源禀赋,形成强大的全国快速高效支付的数字生态系统。另一方面,扮演"技术加速器"角色。以数字人民币项目为基础,共同推动移动基础技术平台、区块链技术平台等研发建设,探索移动支付服务提供商和金融科技公司关于数字人民币研究和推广的合作机制,为数字人民币发行与流通创造完善的金融基础设施。

三、积极争取数字人民币试点

浙江省应积极争取数字人民币试点,充分结合智慧城市建设下的各种场景,包括智慧社区、"互联网＋政务服务"等,突破零售支付的应用场景限制,避免千篇一律,充分体现试点活动的差异性和错位发展。同时,寻求与现有数字人民币试点的合作测试,积极推动数字人民币活动的跨区域联动。另外,在加强数字人民币的应用推广工作时,应重点普及相关概念,培养社会公众对数字人民币的认可度和信任感。

四、促进数字人民币与第三方支付协调发展

浙江省应充分发挥头部支付服务商的流量优势,结合各大场景,处理好与其他数字人民币运营机构的场景合作和差异化竞争,及时参与到央行数字人民币的测试以及发行机制中,共同促进数字人民币的移动应用功能创新以及线上、线下场景的落地应用,为数字人民币生态建设提供助力。同时,央行数字货币可控可追踪的特点,能够显著提高对第三方支付的监管能力,二者的合作发展也有助于构建更加健康的支付运营生态。

五、打造数字人民币应用示范区

浙江应该结合自身的发展规划和地方特色,不断探索与经济发展相适应的数字人民币应用新模式,实现场景的延伸覆盖。首先,加强数字亚运服务环境建设。充分吸收北京冬奥特色数字人民币试点的经验,围绕亚运会消费全场景,申请开展数字人民币的测试工作。重点在亚运村驻地及周边设立应用场景、开展测试,加快构建支付便利、服务优质、安全高效的亚运支付服务环境,推动数字金融为亚运赋能。其次,基于数字自贸区建设,挖掘数字人民币更富竞争力的应用场景,如基于数字人民币的可溯性拓展可行的机构间大额结算场景。

第九章 数字贸易平台监管治理

以互联网平台为主要组织方式的数字贸易,是平台经济国际化发展的基础。在数字贸易平台高速发展和扩张的同时,平台间和内部的不正当竞争问题日益凸显,商品交易平台造假售假情况严重,平台"二选一"、大数据"杀熟"、"扼杀式"收购、自我优待等反竞争行为多样、隐蔽、复杂、频发,扰乱市场秩序,引发群众强烈不满。数字贸易平台的监管治理也成为当前亟待解决的突出问题。

第一节 数字贸易平台监管治理概述

一、主要概念界定

数字平台是连接多边市场的中介组织,实现各类资源的广泛连接和重组,通过自身制定的规则实现多边经济主体及平台组织者的价值交互与共创。依据平台连接对象和主要功能,可以分成六大类,包括网络销售类平台、生活服务类平台、社交娱乐类平台、信息咨询类平台、金融服务类平台、计算应用类平台。

学界和业界迄今为止对数字贸易平台没有统一的定义,本书结合其跨国和数字平台特征,认为数字贸易平台是通过网络信息技术、数字技术,使相互依赖的位于不同国家的双边或多边主体,在特定载体提供的规则下交互,以此共同创造价值的商业组织形式。

数字贸易平台的主要对象是平台经营者和平台内经营者。平台经营者是指自然人、法人及其他市场主体提供经营场所、交易撮合、信息发布等数字平台的法人及非法人组织，通过互联网等信息网络，从事销售商品或者提供服务的自建网站经营者，平台经营者在运营平台的同时，也可以直接通过平台提供商品和服务。平台内经营者是指数字平台内提供商品或者服务的经营者。

二、数字贸易平台特征

（一）具有网络效应的双边市场

数字贸易平台的网络效应表现在四个方面。一是直接网络效应，消费者的效用会随着平台内消费者数量的增加而提高；二是间接网络效应，它对平台企业的定价影响最大，作为双边市场，单边用户的效用与多边用户的数量正相关；三是相关产品网络效应，平台内提供的相关服务、互补产品、配套产品越完善，消费者的效用越高，这是平台构建起生态圈的经济学本质；四是数据网络效应，双边用户的满足感因数据量的增加而提高。

（二）信息聚集的虚拟空间

平台以数据为关键投入和产出品，以数字技术为底层驱动，以虚拟网络为载体，以算法为核心，构建起运行和治理体系。在用户行为层面，通过大数据分析客户的消费行为和特征，构建数据生态系统；在企业运营层面，通过建立智能平台，打通物流、金融，实现一站式行业解决方案，进而达到物流、资金流、信息流三流合一，形成交易闭环，物流、金融、支付、技术等服务提供商实现专业化和系统化，围绕跨境贸易形成一个生态链和服务链。

（三）全域性和综合性线上市场

与传统贸易市场的高进入成本、区域性不同，数字贸易平台面向一国的所有消费者，有些头部企业，在全球的不同国家设有站点，除了为出口企业提供不同国家的需求行情、消费者特征等信息，还为站点间的运营提供辅导和服务，大大降低出口企业进入外国市场的成本。同时，平台包容开放的商业策略，降低了企业进入的门槛，使得中小企业也可以进入国际市场，从而形成平台商品多样化特征。

（四）构建市场规则的企业组织

数字贸易平台是一个企业组织，它搭建网络经营场所，撮合买卖双方的交易，汇聚产业链资源，降低交易成本，提高交易效率，最终以收取佣金、广告费等商业模式而获得盈利。同时，平台利用其指定交易规则、算法、信息披露等市场权力和技术权力对平台内经营者施加影响，在知识产权保护、契约执行和公共物品供给方面构建了基于平台运营者利益和特色的数字市场运行机制。

三、数字贸易平台监管现状

（一）欧美国家监管现状

欧盟不断增强监管法案的系统性，旨在构建以数据和大型平台为监管对象的统一、完整、系统的市场监管规则。欧盟 2000 年实施《电子商务指令》，规范区域内跨境电子商务的行为。2019 年出台《电子商务法》，2020 年制定《欧洲数据战略》《数据治理法》，12 月公布《数字服务法》和《数字市场法》两部法案的系统提案，标志着欧盟对数字平台监管趋于严厉，从个别的案例监管到系统的专业部门执法。基于数字市场和数字平台两大要素，《数字服务法》规范的是平台内以数字为要素的信息内容及其传播；《数字市场法》以建设公平竞争、开放的数字市场和促进科技创新和数字经济增长为目标，对"守门人"——大型数字平台和科技企业进行监管。与传统市场的反垄断相比，呈现出新特点：一是以保护中小企业为己任；二是突破了依靠市场力量的监管思路，加强事前监管，更强调欧盟 27 国形成统一的数字市场监管规则。

美国监管逐步趋向严格，以大平台为主要监管对象，旨在构建平衡监管和创新活力的数字市场法案。美国此前一直秉承宽松监管的态度，直到 2019 年 6 月，对谷歌、脸书、亚马逊和苹果四大互联网领军企业开展反垄断调查。2020 年 10 月，美国发布《数字市场竞争调查》，其后颁布《终止平台垄断法案》和《美国选择和创新在线法案》等五个法案，规范数字平台行为，标志着美国进入了数字平台严厉监管时期。美国的数字平台监管法律体系力图寻找消费者利益、创新活力、企业家精神和自由经济的最优结合点，重点监管主导平台，严格审查平台通过主导领域业务对相邻市场竞争的影响、平台间互操作和数据可移植性、利用数据控制限制市场进入的平台间的竞争,以及平台依托平台优势自我优待等行为对内部经营者的不正当竞争。

(二)中国监管现状

中国对数字贸易平台最早持包容审慎的态度。2019年,国务院发布《国务院办公厅关于促进平台经济规范健康发展的指导意见》,严厉打击假冒伪劣、侵犯知识产权和严重侵害消费者权益的行为。随着平台经济无序扩张现象愈发严重,2020年监管的态度开始转变,国家市场监督管理总局联合商务部召开规范社区团购秩序行政指导会,颁布《经营者集中审查暂行规定》《规范促销行为暂行规定》《市场监管总局关于加强网络直播营销活动监管的指导意见》等一系列法规,规范社区团购、网络直播营销热点领域的不正当竞争,严格审查以"平台强迫商家二选一"为典型事件的滥用市场支配地位。2020年末的中央经济工作会议,将强化反垄断和防止资本的无序扩张、不正当的竞争列为下一年工作的重点,标志着我国对平台经济的监管从包容慎重态度转变为适度的规制。2021年是互联网平台反垄断政策的完善年,也是新一轮适度执法的开启年。国家先后审议和公布《国务院反垄断委员会关于平台经济行业的反垄断指南》《网络交易监督管理办法》《"十四五"电子商务发展规划》《禁止网络不正当竞争行为规定(征求意见)》《关于强化反垄断深入推进公平竞争政策实施的意见》《平台经营者反垄断合规管理规则(公开征求意见稿)》《中华人民共和国反垄断法(修正草案)》等数字平台相关的反垄断法律法规,对阿里巴巴、美团等平台企业滥用市场支配地位进行高额处罚。

(三)浙江省监管现状

浙江是电子商务大省,域内有超过300家各类平台企业。从2019年开始,浙江省市场监督管理局针对"网络禁限售""虚假宣传""价格违法""网络传销""知识产权侵权"和"主体违规"六大类网络交易进行监管。2020年公开征求《浙江省平台经济健康发展行动计划(2020—2022)(征求意见稿)》意见。2021年相继出台平台经济监管20条举措,多次召开平台企业行政指导会、培训会、辅导会、约谈会。为适应新时期监管特性,浙江在全国率先上线首个平台经济数字化监管系统"浙江公平在线",首期监测20多家重点平台、1 万多家平台内经营者、500 多个重点品、10 万余种商品。该监测系统使用以"大数据＋识别模型＋区块链技术"为支撑的智能化数字技术,聚焦反垄断和不正当竞争,以重点平台和商家为目标,注重风险预警式的事前监管。随后出台《浙江省平台企业竞争合规指引》,此指引基于平台企业特征,将平台企业和平台内经营者行为分成垄断、不正当竞争、高风险敏感行为和值得关注的行为四类给予原则性判断,为平台经济反垄断提供了指导性政策。

第二节　数字贸易平台监管治理的主要问题

一、数字贸易平台垄断形成机制

（一）网络效应叠加锁定效应与垄断

较早进入市场的数字贸易平台,因为技术或商业模式创新,赢得一定数量的消费者。在早期,平台一般都采用开放的竞争策略,以免费定价鼓励双边用户加入,网络效应使得短时间内双边用户量激增。这种正反馈效应使得"强者恒强,弱者恒弱"。当有新进入者时,两边用户需要适应新的平台规则、系统,有时还需要支付货币成本,高昂的转移成本让用户不得不忠实于原有平台。网络效应叠加锁定效应,平台行业"赢者通吃"的竞争格局较易形成和维持。

（二）大数据控制与垄断

数字贸易平台内海量交易的副产品是消费者、企业等产业链各个环节的大数据沉淀。大数据是企业决策的重要因素、第四大生产要素,也是平台经济情形下企业核心竞争力的关键。而平台作为数据原始积累的场所,也天然具有了对数据的所有权和分配权。利用对数据的控制权,平台不仅对内部的经营者有垄断权,还可以限制新进入者。数据分析能力的高低决定企业的数据使用效率,平台凭借其强大的人力和资本资源,形成数据处理技术优势。数据的集中、技术优势和算法权力,使平台经营者不仅能够利用数据营利,而且具有垄断权力和市场支配地位。

（三）市场构建与垄断

传统的线下市场,主要有两种企业组织形式:一种是提供交易场所,例如义乌小商品市场;另一种是既提供场所又提供服务的零售市场,例如沃尔玛。它们因为地域性、分散性等原因,对经营户的影响有限。而线上的数字贸易平台,打造的是突破了时空限制的统一市场,它利用数据、算法、规则制定、公共产品提供和技术优势,控制平台的流量等资源配置。同时,平台就其本质而言是企业组织。平台兼具市场参与者和市场规则制定者的双重矛盾身份,以利润最大化为目标,很难以中立原则配置线上市场资源。这样一来,平台利用市场资源配置优势极易形成垄断。

（四）贸易生态圈构建与垄断

数字贸易平台间的竞争,不再是单个企业间的竞争,而是以数字平台为核心成员的产业链以及生态圈的竞争。平台组织上下游企业、聚集各类相关零散市场的中小企业和要素资源,构建以平台自身为中心的发展生态圈,提高了交易的便利化程度和产业链效率,成员企业得以从事其核心业务,通过平台的信息系统、生态圈,分别发挥协同优势,进一步优化资源配置。同时,平台利用其主营市场的优势,形成跨界经营的市场垄断优势。此外,生态圈的构建加重了成员企业尤其是中小企业对平台的依附。

二、数字贸易平台监管治理的难点

（一）对平台企业的本质仍认知不清

基于信息网络技术而产生的新业态——平台,具有多重身份,包括新商业模式、新业态、新企业组织、新市场、新产业,这些身份的逻辑关系如何,学界对此尚未给出明确清晰的定义。数字贸易平台又呈现多种形式,在《互联网平台分类分级指南(征求意见稿)》中将平台分成六类,平台已经和传统的三次产业密切融合,平台本身又开展跨界经营,而数字贸易平台是一个跨国的贸易。可见,平台是一个全新的、复杂的跨越国界的监管对象,针对传统企业统计和反垄断规则的适用性,都需要严谨、系统、深入的研究,作为制定反垄断规则的基础。

（二）监管时常混淆平台经营者和平台内经营者

平台经济是一个以平台为核心的庞大的数字贸易体系。其中的主要成员是平台经营者和平台内经营者。两者的行为和经营业务范围有本质的区别，不能将他们的监管混为一谈。平台经营者的业务对象主要是平台用户，为其提供供求信息等各种服务，旨在撮合交易，往往并不参与交易；平台内经营者的业务对象则可以包罗万象，比如大宗商品、金融衍生品、日常生活用品等等。在区分两者的基础上，更需厘清两者的互动对竞争的影响以及各自的作用。实践中，经常发生用规范平台用户的政策法规，来约束平台经营者"张冠李戴"的现象，甚至中断或改变平台内企业的业务经营，这显然不利于平台经济的健康发展。

（三）缺乏以数据监管为基础和核心的反垄断规则

平台运用数据分析和基于此的算法等为双边用户市场提供产品和服务，是其发展到更高阶段的表现，也是不断创新的结果。平台以数据为要素构成了其市场竞争的信息披露行为，与传统市场的"看不见的手"相似，指挥着资源的配置、效率的提升。从数据收集、分析、信息的披露（利用人工智能算法展现信息，例如搜索、消费者评价、社交网站信息等）到与为争夺数据而进行的"扼杀式"并购，不仅与消费者隐私有关，而且影响市场进入和竞争格局。在数字市场里，数字是公共品还是平台经营者的私有品？平台的数据行为应该以社会福利最优为目标还是经营者利润最大为目标？对于这些问题，现有的反垄断法都没有相关的条例给予明确答案。

（四）现有反垄断法规对平台监管"失灵"

平台经济的跨界经营、网络外部性、动态性和开放性等特征，导致传统反垄断法的相关市场界定、市场支配地位审查和经营者集中审查面临极大的挑战。在相关市场界定方面，原有的以产品和服务为对象的替代性分析方法不适用于"非价格竞争"盛行的数字平台竞争。在市场支配地位审查方面，平台具有的网络外部性和动态性，使其在短期内具有高市场份额和利润，而长期内动态的创新性优势给市场带来了活力。而现有的反垄断法以市场份额、市场集中度和边际利润为核心指标，比较注重静态的短期判定，忽视了平台经济长期的创新活力。在经营者集中审查方面，由于需要事前预测、数字贸易平台的激烈竞争和动态性，以及数字市场极具变化性，导致监管机构预测和最终决策精准性受到影响。

（五）现行监管体系对平台监管效率低下

既有的反垄断监管是基于传统市场的地域性而形成。以数字贸易平台为主体的数字市场呈现了新的特点，导致监管面临"迷茫"和"缺失"。首先，由于地方平台由省级属地监管，难以对跨地域的、具有全域特征的平台进行有效执法，地方监管部门在审查全国性的平台巨头时，必然因为力量不足困难重重。其次，行业监管与垄断专业监管分离造成监管困难。跨界、混合经营是平台经济的特点和优点，阿里巴巴以批发和零售为主营业务，同时，金融行业的支付宝、蚂蚁金服，物流行业的菜鸟和文化传媒行业的优酷等，都是阿里巴巴商业体系的重要组成部分。字节跳动发端于抖音短视频，逐渐也扩展到零售业。行业和专业监管的各自为政，无法准确定性平台的垄断和不正当行为，势必降低监管效率。

（六）私人监管和政府监管的矛盾

在传统市场经济中，市场机制可以有效地配置资源，但它本身具有功能缺陷和不足，存在着市场失灵现象，政府有必要进行宏观调控，调节市场行为并实行监管。政府以社会福利最大化为目标，消费者福利是其着重考虑的因素，需要对垄断和不正当行为进行监管，可以将其概括为政府监管。而在数字市场，平台经营者制定市场规则、提供数字产品披露信息和提供产品，在营利的同时，客观上也起到了监管的作用，可以将其概括为私人监管。私人监管与政府监管各有优劣势。政府监管的优点是目标纯正，实现公众福利最大化，缺点就是因为政府不是市场的参与者，监管时需要支付高昂的成本了解市场，同时寻租行为时常发生，使得监管效率低下，这个缺点也被学界和实践部门一致认同。私人监管的优劣势正好与政府的公共监管相反，它是市场参与主体，平台内的有序竞争可以提高其收益，因而监管成本低，效率高。但是如果社会效益与平台经营者利益不一致，私人监管就会失效，这就是平台假冒伪劣产品时常出现的原因。假冒伪劣产品的交易，不会影响平台的收益，虽然它侵害了消费者权益。在实践上，政府监管和私人监管也因为权责安排不明晰而存在冲突。2015年，国家工商总局发表的白皮书中认为阿里巴巴存在"主体准入把关不严,对商品信息审查不力,销售行为管理混乱等问题",而阿里巴巴却指出因为自己是民事主体,不具有行政处罚权力,他们已经向相关部门详细地反映了商户制假、售假信息,而这些商户没有得到政府相应的处罚。

（七）数字平台的反垄断监管与贸易规则的冲突

欧美的数字贸易规则主要涉及跨境数据流动、知识产权保护、数字产品的非歧视性待遇、数字税收等领域。在跨境数据流动方面,欧盟和美国基于平衡经济利益与保护消费者隐私,寻找跨境数据流动的最优点,继而提出数据存储强制本地化政策,跨境数据流动势必扩大平台经营者数据获取的来源和权力。在知识产权保护方面,美、日、欧处于相对强势的地位,希望明确源代码保护、网络中介责任豁免等条款,以保护本国的数字知识产权、维护其数字大国的地位,而处于相对弱势的一方则更多要求合作和开放。知识产权政策通过赋予企业在某段时间内知识产权部分权利,使其享有跨国垄断权。数字产品非歧视性待遇给予平台内出口企业最惠国和国民待遇,而数字税收要求对平台内经营者征收国内税,这两项政策会使平台内出口企业,与目的国线上或线下同类企业具有相同的市场竞争地位。

第三节　加强数字贸易平台监管的政策建议

一、创建数字贸易平台产学研联动研究机制

召集相关领域的经济学和法学专家,展开数字贸易平台的研究,深入分析数字贸易平台本质,专项研究数字贸易平台的竞争行为、平台内竞争的竞争行为及其互动对垄断和市场绩效的短期和长期影响,重点探索平台内的数据竞争行为。成立数字贸易平台反垄断法专题研讨组,联合产学研三方不同类型平台、平台经营者和平台内经营者制定适合数字贸易市场的数据监管、相关市场界定、市场支配地位审查、垄断协议和经营者集中的政策法规。积累国内外典型案例和经典判法,定期组织专家联席会议动态完善新政策法规。将研究成果应用于监管实践,实现理论研究与实践的良性互动。

二、完善促进平台健康发展的监管法律法规

基于跨境数据流动、知识产权保护、数字产品的非歧视性待遇、数字税收等数字贸易规则,制定跨境数字平台情形下的数字跨境流动和监管、相关市场界定、市场支配地位审查、垄断协议和经营者集中的政策法规。对于不同规模的平台企业,进行分类监管。超大规模的数字贸易平台企业,以中央部门为主进行监管;中小规模的数字贸易平台企业,以地方部门为主进行监管。区分平台经营者和平台内经营者,平台内经营者的行为是自身决策和平台经营者影响的综合结果,明确判定两者的责任,适当加大平台经营者的连带责任,对于平台内经营者的监管,应明确以私人监管为主、政府监管为辅的法律原则。

三、构建数智化立体式的新监管体系

新监管体系是一个基于平台的技术智能化、专业和行业监管合作、中央监管和地方监管联动、监管理论和监管实践互促、私人监管和政府监管协同、事前预警和事后监管齐抓的新模式。利用以大数据和区块链为代表的智能技术,实时抓取、存储平台数据,识别垄断和不正当竞争行为。设立市场监管、省委网信、商务、发展改革等跨部门合作机制,以智能化的监管平台整合政府监管力量,做到统一目标,数据共享,协同行动。构建中央和地方监管联动机制,发挥地方的信息优势和中央的权威优势,在重点省市设立中央监管特派组织,提高监管效率,实施精准监管。创建平台企业和政府协同监管制度,以政府为主导,邀请主要平台企业,成立平台企业—政府监管委员会,优势互补、分工监管。探索事前预警和事后处罚两手齐抓的机制,利用大数据等信息技术预测平台垄断和不正当行为的风险,按不同级别进行风险预警,对发生的垄断和不正当竞争行为,按平台的不同类型展开审查和惩处。

四、协同平台私人监管和政府公共监管

在分析平台和政府监管的信息优势、监管动机、方法和局限性等基础

上,合理划分两种监管方式的领域。凡是平台经营者动机和社会利益一致的领域,建议采取激励性监管,由平台为主来进行监管。政府定期或不定期抽查监管绩效,鼓励平台通过交易契约、知识产权、信息披露规则和基础服务提供等机制,对其内部和平台内经营者进行有效的自我规制。在平台经营者利益与社会福利不一致的领域,以政府公共监管为主、平台企业监管为辅。对于假冒伪劣商品、商家"二选一"、大数据"杀熟"、自我优待等不正当竞争行为,政府监管应将日常监测和重点抽查相结合、事前风险预警和事后调查相结合、重点专项性审查和日常一般审查相结合,同时将平台企业自查和政府监管相结合。

第十章　跨境电商便利化发展

　　跨境电商是当今互联网时代发展最为迅速的贸易方式,是构建开放型世界经济的重要支撑。推动跨境电商贸易便利化发展,有助于我国在贸易保护主义抬头和逆全球化思潮涌现的国际环境中稳固大国地位,同时带动其他发展中国家的发展,实现人类命运共同体的美好愿景。

第一节　跨境电商便利化发展概况

一、概念内涵

　　跨境电商是属不同关境的交易主体,通过电子商务达成交易的跨境进出口贸易活动。跨境电商便利化是指以跨境电商方式从事贸易活动过程中的便利化。2017 年 2 月 22 日正式生效的《贸易便利化协定》(TFA)是WTO 成立 20 多年来生效的首个多边贸易协定,其出现对于改变国际贸易的发展方式、拓展国际市场份额、促进全球经济发展具有重要而深远的意义。作为适用于国际贸易的规则,其中部分条款可直接用于推动跨境电商便利化,为跨境电商贸易便利化的国际规则奠定了框架基础。

二、主要内容

　　随着跨境电子商务在全球的蓬勃发展,一些国际组织或国际协议对跨境电商便利化提出了新的要求,主要体现在手续便利化、基础设施建设、配套服务体系以及合作共建体系四个方面。

一是手续便利化。为了使跨境电子商务进口、出口和过境手续的发生率和复杂率降到最低,各个国际组织在跨境电子商务贸易便利化、手续简化方面积累了有益实践。TFA 在与进口、出口和过境相关的手续中,强调简化单证手续;大湄公河次区域经济合作发布的《GMS 跨境电子商务合作平台框架文件》鼓励成员国就跨境电子商务的不同方面交流海关政策和相关信息,在维护贸易安全的同时进一步促进海关便利化。在简化清关手续方面,《世界海关组织跨境电商标准框架》推动各国海关部门通过对跨境电商货物的提前申报和风险评估,以及和其他政府部门的合作,酌情建立和保持简化的清关程序和对低风险到港或离港货物的即刻放行程序。

二是基础设施建设。国际性协定主要从电子支付、无纸化贸易、因特网技术等基础设施方面推动跨境电子商务便利化发展。TFA 和亚太经合组织发布的《APEC 跨境电商贸易便利化框架》要求每一成员应在可行的限度内,采用或设立程序,允许选择以电子方式支付海关对进口和出口收取的关税、国内税、规费及费用。RCEP 则更为注重无纸化贸易,主要体现在无纸化贸易倡议、电子形式提交的贸易管理文件法律效力及其公开获取等方面。此外,鼓励缔约方开展国际层面合作,增强对贸易管理文件电子版本的接受度。TPP 则规定了互联网互通费用的分摊以及电信服务的相关内容。

三是配套服务体系。《GMS 跨境电子商务合作平台框架文件》鼓励成员国深化电子商务配套服务政策的交流与合作,探索新的海关和检疫监管模式,促进出口。同时鼓励银行和其他支付机构为跨境电子商务活动提供支付服务,并鼓励成员国改善电子商务信用环境。《世界海关组织跨境电商标准框架》将 AEO 理念用于跨境电商领域,提出海关当局应当探索在跨境电商领域应用 AEO 认证程序和互认安排协议的可能性,包括发挥中介机构的作用,使中小微企业和个人能充分享受跨境电商机会带来的好处。《e-ASEAN 框架协议》提倡在跨境电子方面,国家行为应与贸易和投资便利化以及经济开放相结合。RCEP 和《国际服务贸易协定》(TISA)规定协议缔约方应当鼓励使用可交互操作的电子认证。

四是合作共建体系。各大国际协定从减少电子商务壁垒、减少数字鸿沟、开展电子能力建设、数据跨境流动四个方面呼吁各国共建跨境电子商务合作体系。亚太经合组织的《APEC 跨境电商贸易便利化框架》提出通过范例交换,确定电子商务的主要壁垒,确保政府、商界和公众间在网上互动方面的兼容性。《GMS 跨境电子商务合作平台框架文件》鼓励成员国通过三个层次开展能力建设合作,共同寻求与国际机构合作开展电子商务能力建设活动的可能性。《e-ASEAN 框架协议》从提高 ICT 行业竞争力、减少成员内部和成员之间的数字鸿沟、促进公共和私营部门之间的伙伴关系、ICT 产品贸易投资自由化等方面提出促进成员国内电子商务发展,促进合作共建。RCEP 电子商务章节继承了《韩国—美国自由贸易协定》电子商务章节中的电子传输免关税永久化、数字产品非歧视待遇、在线消费者保护、互联网访问与使用原则等规则,并且首次确立了个人信息保护、跨境数据自由流动、禁止数据本地化、保护源代码等高标准规则。其中,跨境数据自由流动规则致力于减少限制跨境数据流动的贸易壁垒,禁止数据本地化规则致力于消除服务器、数据中心等计算设施的本地化要求,源代码规则致力于保护知识产权和防止强制技术转让。

三、浙江实践

浙江作为中国对外开放的前沿阵地,支持跨境电商便利化发展的相关政策措施工作也走在全国前列。2016 年,世界电子贸易平台(eWTP)概念首次被提出,旨在促进全球普惠贸易和数字经济增长。eWTP 倡议提出后,得到国际组织、政府机构、工商界、智库学者的积极回应和高度认同,被写入 G20 杭州峰会公报。目前,eWTP 试验区已在马来西亚、比利时、埃塞俄比亚、卢旺达等国落地。

跨境电商综合试验区(简称跨境电商综试区)建设是浙江省推动跨境电子商务便利化发展的又一重要举措。2020 年 4 月 27 日,湖州、嘉兴、衢州、台州、丽水相继获批成立跨境电商综试区,基本实现跨境电商综试区全省域覆盖,覆盖率全国第一。为推动跨境电商综试区进一步发展,浙江出台了一系列便利化措施,通过"两大平台、六大体系、六大模式"建设,构建"跨境电子商务+传统制造"创新发展引领区,分地区制定跨境电子商务综试区实施方案。一系列支持跨境电商综试区发展的便利性政策,主要体现在以下四个方面。

一是无票免税。对综试区电子商务出口企业出口未取得合法有效进货凭证的货物,同时符合《浙江省跨境电子商务综合试验区零售出口货物免税管理办法(试行)》条件的,试行增值税、消费税免税政策。二是所得税核定征收。浙江省根据《国家税务总局关于跨境电子商务综合试验区零售出口企业所得税核定征收有关问题的公告》,对符合跨境电商所得税的企业试行核定征收,应税率统一按 4% 核定,该政策于 2020 年 1 月 1 日起正式实施。三是通关便利化政策。跨境电商综试区内符合条件的跨境电商零售商品出口,海关通过采用"清单核放,汇总申报"的便利化措施进行监管验放,提高企业通关效率、降低通关成本。四是放宽进口监督条件。对跨境电商进口商品不执行首次进口许可批件、注册或备案要求,按个人自用进境物品监管。

同时,浙江政府也积极出台推动跨境电商发展的政策规划。2021 年 6 月 4 日,浙江省人民政府办公厅印发《浙江跨境电子商务高质量发展行动计划》,提出建设成为平台集聚、主体云集、服务高效、生态完善的跨境电子商务强省。浙江围绕"五新三化"(国际贸易新渠道、新主体、新品牌、新队伍、新空间,跨境电子商务供应链便捷化、贸易便利化、服务优质化),针对跨境电商便利化政策提出三个重要方向:一是大力扶持跨境电子商务平台;二是推进供应链便捷化;三是推进贸易便利化。《浙江省自由贸易发展"十四五"规划》也明确提出创新发展跨境电商,加快杭州、宁波、义乌跨境电商综合试验区建设(见表 10-1)。

表 10-1　浙江省涉及跨境电商便利化的主要措施

政策	时间	重要内容
《浙江省大力推进产业集群跨境电商发展工作指导意见》	2016 年 4 月 8 日	从主体培育、模式创新、品牌打造、产业链构建、境外物流配送、营销服务体系建设和监管服务创新等方面着力,推动浙江省一批外向度高、国际消费市场潜力大的产业集群和优质产品大力发展跨境电商

续表

政策	时间	重要内容
《浙江省跨境电子商务综合试验区零售出口货物免税管理办法(试行)》	2018年12月27日	对综试区电子商务出口企业出口未取得合法有效进货凭证的货物,同时符合以下条件的,试行增值税、消费税免税政策: (一)电子商务出口企业在综试区注册,并在注册地跨境电子商务线上综合服务平台登记出口日期、货物名称、计量单位、数量、单价、金额等出口信息。(二)出口货物通过综试区所在地海关办理电子商务出口申报手续。(三)出口货物不属于财政部和税务总局根据国务院决定明确取消出口退(免)税的货物
《浙江省自由贸易发展"十四五"规划》	2021年5月13日	创新发展跨境电商。例如完善跨境电商进口退货处理机制,开展海关特殊监管区跨境电商出口商品退货试点
《浙江跨境电子商务高质量发展行动计划》	2021年6月4日	2021—2023年浙江跨境电子商务高质量发展行动计划
《浙江省新型贸易发展"十四五"规划》	2021年6月10日	从培育跨境电子商务新渠道新主体、深化跨境电子商务综试区建设、推进电子商务国际交流合作等方面推进浙江省跨境电子商务发展

第二节　浙江跨境电商便利化发展的主要问题

一、相对繁杂的通关手续和融资约束

跨境电商商品与海关系统匹配错位,导致包裹通关、检疫、金融、税收等手续繁杂。例如,部分跨境包裹被划分为非贸易品,被排除在海关的操作系统之外,且除了上海海关以外,其余海关的系统改动均需要通过海关总署的批准,系统的限制导致部分跨境包裹的出关手续繁琐。部分食品以及饮料行业出口艰难或在清关时会被海关扣押,例如度数较高的酒类,往往被视为危险品而被禁止出口。同时清关的中间环节众多,在清关全过程中实际责任人的判断也较为复杂,例如有的客户不了解自己购买产品的相关信息,造成双方信息不匹配。在海关核验企业支付数据时，往往用时较长，且偶尔需要消费者提交相关材料，给消费者带去了不良消费体验的同时对企业的运营也造成了不良影响。此外，跨境电商对资金周转有较高的要求，繁琐的融资手续也阻碍了部分企业的发展。

二、跨境电商基础设施存在薄弱环节

物流和支付是跨境电商发展的重要基础设施。跨境电商物流产业链长，涉及国内国际运输、国外物流配送等多个环节，同时由于商检和清关手续较多，其物流周期要远远长于国内电商物流。虽然浙江发展跨境电商物流系统的基础条件良好，但是整个物流系统和信息化水平有待进一步提高，目前无法实现各类跨境物流全程调控，物流系统组织化、专业化水平低等影响了浙江跨境电商的快速发展。尤其是在新冠肺炎疫情下，跨境物流运价大幅上升，据阿里巴巴、速卖通等跨境平台统计，2020 年上半年跨境物流运费最高涨幅是疫情前的 6 倍；2021 年 6 月初，一个 40 英尺（约 12.192 米）集装箱从中国主要港口运往西欧的运费在 10174 美元左右，而疫情前的运费仅为 1900 美元。

浙江省跨境电商企业大多依赖于第三方支付平台。目前，支付宝、银联等 28 家企业已获得跨境支付的牌照，能为跨境电商交易提供外汇资金收付和结汇服务。即便如此，第三方支付仍存在许多不足，限制较多，跟 Paypal、visa 等国际支付平台在支付风险、汇兑风险、资金流向监管和应用范围等方面还存在较大差距。

三、跨境电商配套服务体系有待完善

一是海外仓使用成本过高。由于缺乏有效的库存管理体系，难以有效控制海外仓库库存，浙江中小型外贸企业跨境零售出口商品品类较多，单个商品销量较低，且商品上新率较高，使用海外仓进行跨境电商零售出口会带来库存管理问题，而且会大大增加企业库存成本。对于大型跨境电商企业而言，海外仓整体建设周期长、风险大，投资回报见效慢，而对于采用租赁方式的中小型跨境电商企业虽不需要承担自建仓的压力，但目前我国海外仓主要分布于美、英、德、日、澳,租金费用普遍较高,即使在相对便宜的德国,大部分地区每平方米的年租金也在 60—100 美元。同时海外仓的使用必然会带来部分库存商品滞销以及残次品难以处理的问题,无论是低价销售、复运回国还是就地销毁均会增加企业的运营成本。二是跨境通关监管便利化程度有待提升。跨境电商基于网络化交易过程,具有交易品种多、货物运输碎片化、运输频率高等特征,增加了海关部门工作量,给海关监管及通关带来巨大压力。三是产品质量相关建设落后。目前浙江跨境电商的发展方兴未艾,出现了大量企业出售同质商品的情况,价格战成了目前主要的竞争手段,且商品的质量参差不齐,"劣币驱逐良币"的情况屡见不鲜。比如海外直邮商品,其中主要是食品、化妆品、母婴产品等个人消费品,该类商品的质量不仅关系消费者的人身安全,同时也影响着整个跨境电商企业的行业声誉。

第三节　对策建议

一、进一步促进跨境电商手续便利化

在跨境电商出口方面,要继续完善出口电商的退税政策,切实为企业减负。在跨境电商进口方面,应再提高享受税收优惠政策的商品限额上限,扩大清单范围。在配套基础上应支持跨境电商新型业态发展,引导跨境电商规范化运营,减少行政干预,特别在通关、商检、结汇、退缴税等环节,要以政府为主导建立综合服务体系,使跨境电商更加便利化、低成本化及高效率化。

二、加快跨境电商基础设施建设

提高物流信息化水平,搭建跨境电商物流信息平台,提高物流效率,促进跨境电商发展。拓展国际联运服务,构建国际运输网络,增加过境站点和运输线路。针对跨境电子商务对小额跨境交易、清算和货物流动的新要求,要加大跨境电子支付的政策支持力度,提高我国电子支付国际化水平。鼓

励我国银行机构和支付机构加强与国际支付服务业的交流与合作,提高中国电子支付的国际化水平。进一步完善跨境电子支付体系,加强对银行机构和支付机构跨境支付业务的监管。抓紧出台统一的法律法规制度,对跨境支付加以规范,提高跨境电子支付的安全性。

三、打造跨境电商配套服务平台体系

完善跨境电商"单一窗口"平台功能,并且不断拓展政务服务和综合服务功能,通过打破信息壁垒和信息共享,实现企业、监管部门和服务机构等信息互联互通。建立和完善信息共享、金融服务、智能物流、电商诚信、统计监测和风险防控等六体系,将其功能全部纳入"单一窗口"平台,为政府相关部门提供决策参考,为跨境电商相关企业和个人提供金融和物流等供应链商务服务。大力推广电子合同、电子发票,实现单证电子化,不断提高跨境贸易便利化水平。同时探索新的海关和检疫监管模式,强化出口激励效应。打造升级版的跨境电商综合服务体系,构建具有中国特色的跨境电商综合服务规则体系。

四、探索建立新型国际贸易组织和平台

从减少电子商务壁垒、减少数字鸿沟、开展电子商务能力建设、数据跨境流动四个方面加强国际合作,探索共建跨境电子商务便利化合作平台。提升监管互认水平,借鉴世界海关组织 AEO 制度,基于企业信用评级给予中小企业差异化通关便利,持续推进通关一体化建设,降低企业通关成本,提高通关效率。积极响应 WTO 实施《贸易便利化协定》的号召,呼吁经济组织发挥对提升贸易便利化水平的促进作用,建立合作机制,加强与各国政府、企业、人员的往来与交流。同时学习和借鉴贸易便利化水平较高国家的经验,选择适合本国国情的方式,积极参与贸易便利化合作与建设。

第十一章　跨境电商消费权益保护

近年来,浙江跨境电商迅猛发展,已成为消费者购买境外优质消费品的重要渠道,也是浙江品牌"出海"的途径之一。但跨境电商具有全球性、跨国性等特点,容易产生售后服务缺失、交货时间延迟、信息误导失真、假冒伪劣商品等消费侵权问题,受语言不通、法律管辖不明、责任主体模糊、维权成本高等制约,发生纠纷时消费者往往难以有效保障自身权利,这可能导致国内外消费者利益受损,不利于浙江省企业借助跨境电商开拓国际市场。因此,借鉴欧美等较为成熟的经验,更好地完善跨境电商消费权益保护体系,有助于推动浙江省跨境电商进一步高质量发展。

第一节　欧美跨境电商消费者保护的主要做法

一、制定较为完备的消费权益保护法律

很多欧美国家都制定了较为完备的法律,从知情权、公平交易权、求偿权等角度保障跨境电子商务过程中的消费者权益。在知情权方面,欧盟《电子商务指令》明确要求供应商必须向消费者提供该供应商的名称、地址、联系方式等身份方面的信息。在公平交易权方面,欧盟在《不公平条款指令》中直接规定,若经营者和消费者的合同中存在不公平格式条款,则该条款无效。在求偿权方面,美国《B2C网络交易指导原则》率先提出了"无因退货制度",当卖家欺诈或者夸大宣传且平台未尽责核实时,给予消费者保护自身权利的主动权。欧盟《消费者新规》又将退货时限从7天延长到了14天,并

要求商家退回包含订单退货相关费用的款项,阿里速卖通曾因不满足"14天无理由退货"受到指控。

二、以一体化为导向建立公平市场环境

欧盟致力于建立统一、平等的市场,2015 年提出了单一数字市场战略,其中的第一大支柱就包括促进跨境电商和消费者保护,使用统一规则管理企业销售业务,打破地域界限,改变同种商品不同成员国不同价等状况。2018 年,欧盟提出所有电商网站都应该给区域内的居民提供相同的商品购买服务,推动数字市场一体化。2020 年,消费者保护新规禁止企业提交虚假评论或背书,卖家不能发布虚假降价广告,比价网站需要告知消费者排名标准;确保对不公平商业行为的受害者进行赔偿,并对造成"大规模损害"的企业实施高达年营业额 4% 的惩罚,确保欧盟各地消费者公平参与交易。

三、电商平台强化规则建设增强用户体验

以全球最大的电商平台亚马逊为例,其通过程序和规则重点维护消费者交易信心和公平交易权。2019 年 2 月,推出价格保护制度,根据供应商向亚马逊提供的 ASIN 价格,系统自动将最新的价格应用于所有未完成的订单、尚在运输中的产品,以及所有库存,并不需要供应商手动操作,此举在降低消费者退货概率、提升消费者信心的同时,减少了供应商管理成本和时间成本,进一步提高了平台的效率和买家、卖家的双向购物体验。2021 年 5 月份,亚马逊平台针对"不当使用评论""向消费者索取虚假评价""通过礼品卡操纵评论"等违规行为,对平台内中国卖家采取封店、封号等措施,杜绝将良莠不齐的商品完美化的诱导操作,以确保消费者了解到商品的真实信息,保障公平交易。

四、建立多元化的在线争议解决机制

欧美多国都已构建了独立的在线争议解决机制(ODR),主要包括网上谈判、调解和仲裁多元化的解决机制。美国 ODR 平台支持多语言切换,并且聘用全球专业人员担任仲裁员,设立争端解决委员会及总管理人,通过总

管理人与跨国消费者权益保护机构协商并处理争端,当消费者在跨国购物过程中发生争议,会优先考虑网上纠纷解决,代替司法诉讼手段以降低成本提高效率,约95%的消费者权益案件都通过ODR解决,体现出优先性和替代性。欧盟则对各盟国建设ODR的合法性、独立性、效率、透明度提出了最低的统一性要求,并投入大量财政资金以保持ODR平台独立性。

五、注重保护个人隐私等交易数据

长期以来,美国积极倡导电信市场的高水平开放,推进全球数字贸易的自由化和数据的自由流通,但同时强调个人数据保护,认为个人隐私数据也是一种有价值的财产,应采取基于私人合约理念的隐私保护体制。因此,美国鼓励利益相关方基于合约谈判的隐私交易,实现最佳隐私信息保护的同时推动数据安全流动。欧盟推行的《通用数据保护条例》更加谨慎,虽不限制数据跨境流动但是有严苛的数据流动标准,根据国家和企业的情况制定了"充分保护决议""标准数据保护条款""约束性企业原则"和"特定情况"四种数据传输途径,以规范数据跨境传输。

第二节 浙江跨境电商消费权益保护现状

一、以国家有关法律为依据,但缺乏针对性法规

目前,我国消费者权益保护依据的《中华人民共和国消费者权益保护法》《中华人民共和国民法典》《中华人民共和国产品质量法》《中华人民共和国反垄断法》等法律,都是适用于线下交易的法律。2019年施行的《中华人民共和国电子商务法》相对全面地统筹了电子商务领域消费者保护的法律,但主要适用于境内电子商务活动,且为宽泛的原则性规定。现行法律法规尚难以适应跨境电商跨国性、商品特殊性、交易方式网络化等特点,不利于强化境内消费者权益保护,同时,缺乏对境外消费权益保护的针对性法律,可能造成浙江省跨境电商平台企业漠视产品质量和消费者权益,容易导致境外消费侵权诉讼等,不利于浙江省优质电商平台和品牌企业更好地"走出去"。

二、经营者事前监管基本完善，但事中事后仍需细化

跨境电商进口方面，2018年商务部等六部委发布《商务部、发展改革委、财政部、海关部署、税务总局、市场监管总局关于完善跨境电子商务零售进口监管有关工作的通知》，按照"政府部门、跨境电商企业、跨境电商平台、境内服务商、消费者各负其责"的原则，统筹考虑保护消费者权益要求，明确各参与主体责任。跨境电商出口方面，2016年浙江省发布的《浙江省跨境电子商务管理暂行办法》对出口跨境电商各经营主体的责任作了统一规定。对于跨境电商事前监管，已基本实现通过"单一窗口"对经营主体进行备案登记以确保信息真实性，以及向海关、检验检疫、外汇、国税提交标准化的数据信息和单证实现便利化通关。对于事中事后监管，特别是对跨境电商出口而言，则依然缺乏详细的法律规定，尽管可以通过大数据对经营主体行为实施监管，但在产品质量管理、商品虚假宣传、售后服务不及时等方面的监管仍然缺乏有效突破。

三、电商平台积极建立经营规则，但实际操作制约因素较多

跨境进口电商已基本建立了较为完善的消费权益保护规则，如大部分电商平台已支持"七天无理由退货"并实现优先赔付，但仍有商品以进口产品无法二次销售为理由拒绝退货，或要求消费者在退货过程中承担进口税费。对于跨境出口平台而言，虽然也建立了规则，但实际操作中存在的问题更多。如速卖通在2013年出台了《阿里速卖通网上交易纠纷规则》，根据未收到货和已收货两大类情景，给出责任裁定的标准流程，在实际操作中，尽管平台可以通过约束卖家发货的物流方式、加强物流追踪、搭建产品质量安全风险防控机制等方法降低双方风险，但由于受海关扣留、买家缺少本国进口资质、货物损坏以及虚拟产品等因素影响，在实际售后过程中仍存在商家与消费者两败俱伤的情况。

四、浙江具备 ODR 发展环境，但缺乏成熟的机制

线上诉讼方面，浙江 ODR 的发展有杭州国际仲裁院作为线下基础，杭

州国际仲裁院对于解决跨境电商纠纷已经形成了相对成熟的法律机制,浙江省高院也在杭州试点设立电子商务在线法庭,探索低成本高效益的 ODR 途径。在线调节方面,浙江省大型的跨境平台,如天猫国际等都已建立自有的 ODR 体系,但此类依附型 ODR 的调解具有偏向性,对消费者保护不足。总的来看,浙江省尚未建立较为成熟的独立型 ODR,我国现有的 ODR 如中国在线争议解决中心、中国国际经济贸易仲裁委员会网上仲裁业务,由于各国间仲裁协议效力和执行力存在差异,在实践中的运用并不广泛。

五、已形成数据跨境生态,但监管机制仍需完善

浙江省一些电子商务平台已在境外设立境外站、开拓境外业务,以数字贸易为核心带动了电子支付、智慧物流、信息服务等的发展,大数据、云计算、人工智能等数字技术也相继成熟,但关键的数据产权与数据流动规则仍未细化。我国现行"属地原则"和"数据本地化"政策与 WTO、RCEP 和 CPTPP 等经贸条款相背离,造成我国被不同国家、地区、体系的数据流动圈排斥在"白名单"以外,制约了数字贸易领域龙头企业进一步"走出去"。同时,如网易等企业已在境外上市、交易,势必存在大量境外数据往来,对数据监管形成较大压力。

第三节　启示与思考

一、完善跨境电商消费权益保护制度体系

加大浙江省跨境电商的法规建设力度,在我国法律框架内,率先探索制定符合全球市场发展趋势、便利内外贸一体化发展、兼顾平台、商家和消费者利益的跨境电商消费权益保护制度体系,规范跨境电商经营者行为,细化消费者维权等细则。明确跨境电商进出口交易过程中,政府、电商平台、商家、服务商及消费者的权责分配,加大对虚假广告、不真实陈述或诱导等不公平商业行为的惩处力度,营造良好的制度环境。强化部门间协调与合作,进一步完善跨境电商市场准入与资格认证制度,规范电子交易市场与各经

营者的信息披露情况。加快针对跨境电子商务平台和经营者的信用体系建设，重点加强针对企业事中、事后的数字化监测。

二、鼓励跨境电商平台完善交易规则

鼓励跨境电商平台按照我国和运营国法律法规，制定完善跨境经营者资质审查、商品质量检查管理、消费者权益保护、先行赔付等制度规范。支持平台持续强化"七天无理由退货"和优先赔付机制，通过设立消费者权益保证金等措施，避免商家以出入境、清关、物流等流程复杂为理由不履行退换货义务。督促平台完善商品评价机制，明确消费者评价规则，畅通消费者评价通道，严厉打击商家刷单、买好评、删差评等行为，保护消费者评价权。

三、建立跨境电商消费纠纷解决机制

积极借鉴欧美等国利用非诉讼方式解决跨境争端的经验，探索建立浙江省独立的跨境电商 ODR 机制，支持有关法院和仲裁机构等联合建设跨境电商 ODR 平台，引导跨境电商平台、消费者协会、商业协会等积极构建第三方 ODR 平台。鼓励跨境电商平台引入 ODR 链接，完善 ODR 机制的适用规则和说明，加大宣传普及 ODR 救济机制，引导消费者使用 ODR。鼓励社会各界加强对 ODR 独立身份和工作的监督，引导 ODR 机构向其他主体披露信息、数据报告，提高 ODR 机构处理纠纷的透明度。加大 ODR 模式跨境电商纠纷解决人才培育投入，培养专业性的人才。

四、加强跨境消费个人隐私数据保护

完善数据跨境流动机制，以数字贸易为切口，探究数据分级监管和安全传输的实现途径，寻求数据安全与企业发展的均衡点。强化平台个人隐私保护意识，做好信息流动和商业交易的"守门人"。鼓励跨境电商平台在合理合法且尊重消费者意愿的情况下，收集、储存、转让和使用消费者个人数据信息，从而利用大数据、算法等技术为消费者提供个性化的产品和服务，避免平台及商家在交易过程中滥用合同条款无成本地获取消费者个人数据所有权，导致消费者隐私权受到侵害。平台需要定期向消费者披露其隐私数据的使用情况,避免数据信息使用的信息不对称现象。

五、鼓励企业提升跨境售后服务水平

鼓励电商平台和商家以及第三方专业服务机构等以合作、自建等方式,完善营销和服务保障体系,开展仓储、展示、批发、销售、接单签约及售后服务。推进售后云服务模式和远端诊断、维修。鼓励企业积极"走出去",建设境外海外仓和搭建高效的物流枢纽和通道,实现境外全链条退换货和维修保障。加强智慧供应链体系建设,实现商品物流实时跟踪和产品溯源,简化跨境退换货等售后流程。

六、加强跨境电商消费权益保护国际合作

加强国际解决跨境消费纠纷的双边和多边合作,探索在"一带一路"和RCEP区域率先合作建立消费者权益保护一体化组织。充分利用RCEP等经贸协定,联合搭建ODR平台,加强与境外成熟ODR平台的合作。大力开展法律规范、信息交流和技术援助等方面的合作,积极参与联合国贸易法委员会《跨境电子商务交易网上争议解决核查程序规则(草案)》谈判,推动其尽快出台。在各国法律框架允许范围内,加快跨境电子商务消费品安全监管合作机制建设,包括销售产品信息和有害产品处置措施的信息交换等。

第十二章　元宇宙与浙江数字贸易发展

　　元宇宙作为整合多种新技术而产生的虚实相融的新型互联网应用和社会形态，重塑了资源配置方式，催生出新的生产和生活方式。2021 年，上海市印发《上海市电子信息产业发展"十四五"规划》，首次将元宇宙写入地方"十四五"规划，开启了数字经济发展新赛道。浙江省应抢抓机遇，积极探索元宇宙在数字贸易领域的场景创新，助力浙江省数字经济实现新超越。

第一节　元宇宙与数字贸易的关系

一、概念与特征

　　当前元宇宙的概念处于探讨阶段，尚无明确定义。从产业发展角度看，元宇宙可以被理解为一个平行于现实世界的虚拟世界，用户可以进行社交娱乐、创作展示、经济交易等一切活动，体现为以数字化的方式融合现实与虚拟世界，通过生产、流通、分配等环节技术的更新迭代来提高产业链效率。元宇宙的特征主要有三方面：一是虚实结合性。元宇宙为用户提供了跨虚实交互、开放式编辑及去中心化交易等服务，通过数字孪生技术生成现实世界的镜像，利用扩展现实技术提供沉浸式体验，建立虚拟世界承载人类活动。二是强交互性。在元宇宙中，用户可以通过虚拟化身实现沉浸式、即时性的互操作行为，现实中的真身与虚拟化身在时空上进行交互，形成了虚实场景深度融合的闭环。三是经济增值性。元宇宙产业链包括硬件设备、游戏、社交、工业、金融等领域，涉及的行业和企业众多，根据有关券商预测，到

2025 年,元宇宙在社交、游戏、短视频、移动办公等领域,合计国内市场空间约 3400 亿—6400 亿元。

二、元宇宙与数字贸易的关系

元宇宙与数字贸易在概念上相互包容。元宇宙囊括了数字贸易中的数字服务贸易,还包括了以用户为核心的体验经济和内容创作经济系统。元宇宙的软件和服务板块与数字贸易中的电信、计算机和信息服务以及个人、文化和娱乐服务等行业相对应,元宇宙的重要支撑非同质化代币(NFT)与数字贸易中的数字支付相对应,元宇宙的数字基础设施 5G、6G、边缘计算、量子计算等也是做强数字贸易产业体系的重要支撑。同时,两者在产业发展上又相互影响。元宇宙能够推动数字贸易领域拓宽、效率提高,创造出新的社会需求和贸易生态。数字贸易为元宇宙发展奠定了基础,人工智能、云计算、大数据等底层技术发展为元宇宙发展提供技术支持,数字贸易平台为元宇宙发展提供落地空间,数字贸易规则与制度为元宇宙发展提供边界规范。

第二节　元宇宙对浙江数字贸易发展的影响

浙江省是全国数字经济先行省份,根据中国信通院《中国数字经济发展白皮书》,2020 年,浙江省数字产业化和产业数字化规模均位居全国第四,数字贸易产业发展基础好,云计算、大数据等行业影响力持续提升,数字贸易平台丰富,为元宇宙发展奠定了扎实基础。同时也需要注意防范化解元宇宙带来的系统性风险,明确产业发展边界。

一、重塑数字贸易发展模式,拓展数字贸易产业边界

元宇宙实现了数字经济与实体经济的深度融合,是数字科技的集成体,它对浙江省数字贸易发展模式的塑造主要体现在要素资源的重新整合和产业边界的拓展。一方面,元宇宙摆脱了对土地、人口数量等传统自然禀赋资源的限制,绝大部分产品不是来自对物质生产资料的加工,而是以数据作为

核心资源,投入时间、人力、算力和电力等,加速了产业融合的效率。另一方面,元宇宙在技术上突破了时空限制,连接了硬件入口及操作系统、后端基建、底层架构、核心生产要素、内容与场景以及协同方,创新了更多贸易业态模式,有望带动浙江省相关产业链上下游协同成长,推动浙江省数字贸易量质提升。

二、重构数字贸易产业链,推动应用领域不断拓宽

在生产阶段,元宇宙可帮助组织搭建实时协作的模拟平台,构建完整工厂模型,包括员工、机器人、生产设备、装配部件等,为相关技术人员、管理人员提供虚拟协作环境,在真实生产产品前完成虚拟产品的设计、模拟和优化,降低生产过程中真实操作失误带来的损失,提高生产效率。在流通阶段,元宇宙可通过虚拟化产品或服务,让终端直接远程"触摸"产品或感知服务,打破生产端到最终消费端的壁垒,提升流通效率。尤其是在跨境电商领域,缩短了终端用户获得产品和服务的时间,可通过产品和服务的虚拟化体验提前感知,降低退换货的频次及成本,推动浙江省跨境电商实现质量变革和效率变革。在交易阶段,元宇宙主要采用了"非同质化代币(NFT)＋加密货币"的形式构建支付体系,适用于识别用户档案、个人数据、资产权利、知识产权等元宇宙资产的唯一性,为资产确权、身份绑定、流通和权益分配提供了重要支撑。浙江省正在推进贸易大脑和未来市场建设,元宇宙带来的技术红利和产业红利将加快数字贸易相关场景应用的落地,进一步为浙江省数字贸易发展赋能。

三、加速数字贸易主体发展,提升企业竞争优势

浙江省企业主要在游戏、影视内容、电子商务、云计算等产业抢先布局元宇宙。一是以网易为代表的游戏产业。网易在 2018 年就推出多人开放世界 VR 游戏《Nostos》,并陆续投资了"虚拟人"生态公司次世文化、虚拟形象技术公司 Genies、虚拟社交平台 Imvu 等元宇宙相关概念公司,成为元宇宙内容端巨头。二是以华策影视为代表的影视内容产业。华策影视搭建了新型影视生态产业基地赋能平台,积极吸引 VR/AR 技术等泛文化类企业

入驻,并布局虚拟人领域,在 2022 年 1 月 9 日正式宣布进军元宇宙。三是以阿里巴巴为代表的电子商务产业。阿里巴巴在 2016 年就上线了淘宝的 VR 购物 Buy＋计划,用户可直接与虚拟世界中的人或物进行互动,并在 2021 年成立 XR 实验室,探索基于 AR/VR 相关的技术研究,目前已与天猫合作构建了全息店铺。四是以阿里云为代表的云计算产业。元宇宙发展高度依赖云计算和边缘计算等底层技术。根据《Gartner 解决方案能力评估 2021》(Gartner Solution Scorecard 2021)数据显示,阿里云 IaaS 基础设施在核心产品能力、存储项、网络项、安全项评估中均获得最高分,超越亚马逊位居全球第一,为浙江省企业发展元宇宙提供技术底座。

四、新技术增加不确定性,带来数字贸易监管挑战

元宇宙可能会带来金融、税收、数据流动等方面的监管挑战。一是元宇宙具有自己的经济体系和原生货币,且货币可以被获取、花费、借出、借入或投资,同时现实世界与虚拟世界的资产可以自由流通,将会给金融监管带来挑战。二是缺乏对在元宇宙中开展业务的数字贸易企业经营活动的监管,对企业的性质、所在地、营业收入等具体情况无法全面掌握,税收的征收管理缺乏一定依据。三是元宇宙实现了实体世界与虚拟世界数据的双向流动,但由于数据类别的多样性和敏感性,跨境数据流动也会带来隐私保护、数据安全等风险。

第三节　对策建议

一、提前谋划前沿产业,做好理论指引与技术支持

当前对于元宇宙与数字贸易的关系、结合方式需要进一步加强研究,同时要做好相关技术研究,夯实浙江省元宇宙发展的技术底座。一是开展相关理论研究。建立元宇宙理论研究专家智库,深入探索元宇宙内涵、特征、运行规则、发展态势、共性难题以及元宇宙与数字贸易的本质联系、相互影响等。针对元宇宙可能带来的风险做好系统性研究和指引,减少概念泛化

和炒作,理性看待元宇宙给数字贸易带来的机遇。二是加强技术创新应用。依托西湖大学、之江实验室、甬江实验室、良渚实验室等一批国际一流的新型科研机构,推动实现在大数据、人工智能、VR/AR、区块链、量子计算等元宇宙相关技术领域的突破创新。

二、加快数字基础设施建设,夯实数字贸易发展根基

数字基础设施的建设既是推动元宇宙发展的关键,又是支持数字贸易发展的基础。通信技术的进步和普及,决定了元宇宙和数字贸易扩张的规模和速度,算力的发展程度,决定了元宇宙发展的稳定性和持续性。一是要加强 5G、6G 等技术的研究和普及。加快 5G 独立组网(SA)核心网建设,打造具有国际影响力的 5G 产业发展集聚区、5G 创新应用示范区,启动 6G 相关技术预研,超前布局基础研究、核心关键技术攻关和标准规范。二是持续推动浙江省算力水平提升。推进互联网协议第六版(IPv6)规模部署,推进网络、应用、终端全面改造升级。持续推动云数据中心和智能超算中心建设,推动云计算、边缘计算等协同发展。

三、用好数字化改革红利,加快相关场景应用落地

场景是元宇宙落地的重要载体,浙江省正在推进数字化改革,积极建设重大场景应用,可在当前数字贸易重大场景应用基础上,进一步结合元宇宙推动场景应用迭代升级。一是谋划建设数字贸易相关场景应用。根据全省数字化改革总体部署,积极谋划"贸易大脑＋未来市场"相关场景应用,在生产、流通、交易、监管等数字贸易关键环节,积极结合元宇宙推动场景应用落地。二是利用场景应用搭建政府侧与企业侧联动的桥梁。在现有数字贸易场景应用基础上,利用元宇宙的相关技术拓宽政企沟通渠道,及时了解企业需求,不断提升数字贸易治理效能。

四、建立健全监管体系,提高风险防范能力

目前暂无针对性的法律法规和相关政策对元宇宙发展进行规范,带来一定的不确定性风险,需要提前统筹谋划,防范化解相关风险。一是打造地

方金融数字化平台,提高金融风险应对能力。深化"技防＋人防"监管体系建设,加强元宇宙相关产业、金融系统等监管力度,织密金融风险监测预警网。二是加强数据流动管理,强化数据安全保护机制。积极构建数据流动规则,对元宇宙数据传输、流转等环节进行本地化管理。建立数据保护能力认证、数据流通备份审查、跨境数据流通和交易风险评估等数据安全管理机制,形成数据全生命周期防护。

第三篇　浙江实践

第十三章　全球数字贸易中心建设

第一节　全球数字贸易中心内涵

数字技术的飞速进步,正推动数字贸易蓬勃兴起,成为全球国际贸易发展的新引擎。在数字贸易时代,数字产品的订购和交付在一定程度上缓解了距离、基础设施、物流等传统贸易壁垒的制约。与此同时,数字产品的市场准入、数据跨境流动、网络安全等特有的新型贸易壁垒正不断凸显,成为当前制定国际贸易新规则的重要议题。

从定性角度来看,传统全球性中心主要有三个特点,一是产业集聚度高,二是专业技术性强,三是辐射影响力广。以伦敦国际金融中心为例,伦敦有大量金融机构,可全面集中地开展国际资本借贷、债券发行、外汇交易、保险等金融业务,能够提供最便捷的国际融资服务,拥有最有效的国际支付清算系统、最活跃的国际金融交易场所,其金融市场体系健全、服务业高度密集、在全球具有辐射影响力。

从定量角度来看,某地区贸易额占全球比重在 2.5%—3% 可以定性为全球贸易中心。以上海为例,2020 年上海进出口总额 4938 亿美元,占全球比重约为 2.59%;以口岸贸易总额计算,2020 年上海占全球 3.2% 以上,位列全球城市首位,基本建成在全球贸易投资网络中具有枢纽作用的国际贸易中心。

因此,全球数字贸易中心是指聚集了大量数字技术型、数字平台型以及数字内容型高质量企业,数字平台业务覆盖全球、数字技术达到世界一流水平以及数字贸易规则辐射全球的城市或地区,具备规则引领、行业领先、产业集聚和应用创新等特征,贸易额占全球比重在 2.5%—3%。

第二节　全球数字贸易中心建设背景

浙江是数字经济先发地,2003 年启动"数字浙江"建设,2017 年底在浙江省委经济工作会议中提出实施数字经济"一号工程"。据统计,2020 年浙江数字经济增加值达 30218 亿元、占 GDP 比重达 46.8%,数字经济成为浙江经济增长的主引擎和经济高质量发展的"金名片"。

2020 年 11 月,浙江省商务厅、浙江省委网信办联合印发《浙江省数字贸易先行示范区建设方案》,提出"到 2025 年,全面形成数字贸易新发展格局,打造与国际接轨、具有浙江特色的数字贸易发展机制、监管模式和营商环境……初步建成全球数字贸易中心"的发展目标。2021 年 1 月 15 日,浙江省委书记袁家军提出要"打造全球数字贸易中心"。2021 年 6 月 16 日,浙江省人民政府办公厅发布《浙江省数字经济发展"十四五"规划》,进一步强调到 2025 年,建成全国数字产业化发展引领区、全国产业数字化转型示范区、全国数字经济体制机制创新先导区,以及具有全球影响力的全球数字贸易中心。2021 年 9 月 18 日,袁家军书记在省委财经委会议上指示,要建设全球数字贸易中心"458",加快建设数字贸易"单一窗口"。

建设全球数字贸易中心是浙江省基于开放大省、市场大省和数字经济优势,融入世界经济数字化与我国经济双循环的重要举措,也是浙江省顺应全球化演变,抢占市场话语权和规则制高点,提升在全球数字贸易治理体系中的竞争力和影响力的具体作为。

第三节　全球数字贸易中心"458"系统架构

按照数字贸易发展"458"系统架构(见图 13-1),立足四大发展定位,把握五大实现路径,聚焦八项重点工作,实现规则重塑、价值重塑和优势重塑,提升浙江数字贸易的规则制定话语权,优化全省贸易结构,通过对新技术、新业态、新模式的探索,寻找新的增长点。

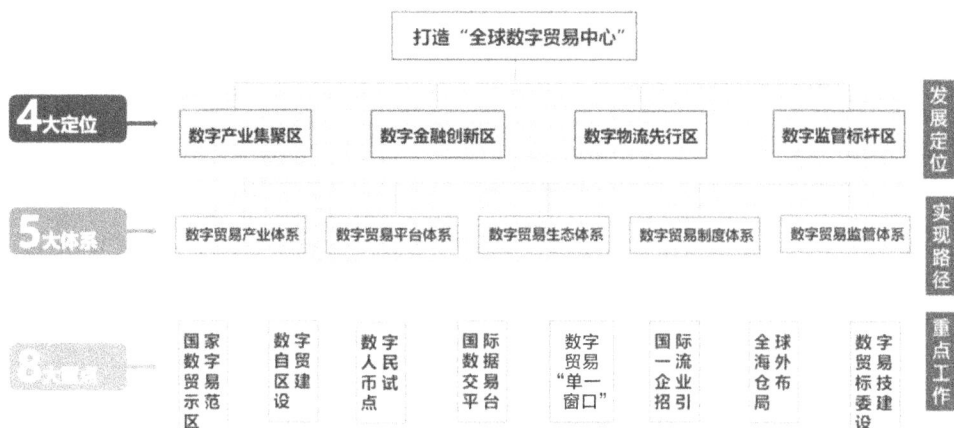

图 13-1　数字贸易"458"系统架构

一是树立四个发展定位。即围绕建设全球数字贸易中心战略目标,打造数字产业集聚区、数字金融创新区、数字物流先行区和数字监管标杆区。

二是构建五大体系。构建数字贸易产业体系,将数据内容、数字技术、数字文化、数据要素等产业整合;构建数字贸易平台体系,建好浙江自贸试验区、跨境电商综试区、国家数字服务出口基地、数字贸易先行示范区等重要平台,同时紧盯国家动态谋划新的重大平台;构建数字贸易生态体系,识别数字贸易生态各类要素,协同推进政府侧、企业侧建设;构建数字贸易制度体系、对标 RCEP、CPTPP,加强规则研究与制定;构建数字贸易监管体系,吸收政府、产业平台、科技企业等各类主体创新举措,整合海关、税务、金融、商务等各领域资源,完善监管体系,严格管控风险。

三是做好八项重点工作。积极争取入选首批国家数字贸易示范区;加快数字自贸区建设,推出首创性、集成性的制度创新,争取在重点领域率先突破;积极争取数字人民币试点,探索在亚运、义乌场景试验;探索建立国际数据交易平台,构建数字确权、加工、流通、交易等为一体的产业链;加快建设数字贸易"单一窗口",将海关、税务、外汇、商务等部门的信息综合集成;招引国际一流企业,打造全球数字贸易中心;加快布局全球海外仓,完善国际物流体系;加强数字贸易标准技术委员会建设,联合相关大学、企业等形成打造数字贸易规范的完整思路。

第四节　加快建设全球数字贸易中心的对策

一、持续推动数字贸易产业发展

一是加快数字基础设施建设。浙江应加大城乡 5G 网络布局的覆盖面,对各类网络、应用、终端进行全面改造升级,优化物联网络,在杭州等数字经济发达地区布局更加先进的互联网交换中心和数据中心,夯实数字贸易发展的底层基础。二是推进跨境电商高质量发展。将电商平台发展作为重要着力点,推动建立综合性平台、垂直平台、独立站等多元跨境电商渠道体系。深化"产业集群＋跨境电商"发展,加强电商平台与浙江的块状经济、制造业集群的联系,支持浙江制造业企业"出海"转型,在境外进行商标注册和国际认证,收购或培育自主品牌。三是加快服务贸易数字化转型。浙江应分类施策,对旅游、运输、建筑等传统行业进行数字化改造,通过支持建设教育、文化、健康、出行和商业服务等数字生活服务平台,帮助中小数字服务企业拓展国际市场。四是加快数字内容产业发展。浙江应发挥杭州首批国家文化出口基地的平台优势,推动数字影视、数字演艺、数字出版、短视频、数字音乐、动漫游戏、电子竞技等新兴文化业态发展,支持 MCN 机构利用短视频等方式抢占境外娱乐市场。五是支持发展数字技术贸易。浙江可依托之江实验室、西湖大学等重大创新平台,大力开发原创技术,促进全球创新资源的有效承接和转移转化。六是提升数据产业链整体效能。浙江可依托自贸试验区平台,探索构建数字确权、加工、存储、流通、交易的产业链。加强与网易、阿里云等数据企业的合作,运用区块链技术建立企业信用体系,构建"政府—用户—平台—企业"之间稳定的数字信任关系。

二、大力夯实数字贸易平台基础

一是大力打造数字自贸区。浙江可充分发挥自贸试验区先行先试作用,争取数据分类监管政策,探索建立数据国际交易市场、数据资产评估登记中心,促进数据跨境流动,为数字贸易发展提供助力。二是深化跨境电商综试区建设。浙江应在交易、支付、物流、通关、退税、结汇等环节,对照国际先进标准,在技术标准、业务流程、监管模式和信息化建设等方面优化服务。三是加快打造数字贸易示范区。浙江可依托国家数字服务出口基地,发挥数据资源丰富、数字贸易企业集聚的优势,发展跨境电商、跨境贸易金融、保税贸易、保税服务等领域,与自贸试验区联动,着力孕育世界级数字贸易产业集群。四是高标准举办全球数字贸易博览会。依托浙江数字经济先发优势,以"参与全球贸易规则制定、展示数字经济发展成果"为目标,以"专业化、数字化、场景化、国际化"和线上线下联动为特色,高标准举办全球数字贸易博览会,加快构建数字贸易时代新平台、新窗口、新秩序。

三、不断完善数字贸易生态建设

一是引导数字金融健康有序发展。浙江可发挥数字支付等领域的优势,鼓励数字贸易头部企业依托区块链、物联网、人工智能等技术,进一步拓展跨境支付业务,借助当前数字化改革的契机,为跨境电商支付结算及其监管服务提供数据支撑。二是加快构建数字物流网络。浙江可充分发挥宁波舟山港、中欧班列和快递物流企业优势,对龙头企业通过直营连锁、联合、兼并等形式扩展经营网络给予相应的支持,向上争取航空资源,加大开辟航空货运航线力度,构建立体的数字物流网络。三是大力培育数字化供应链。浙江应将数字供应链平台建设作为重要着力点,支持企业在重点国家和地区建设全球售后公共服务中心,打造网络健全、服务优质、响应快速、便捷高效的数字化供应链体系。加快海外仓建设和布局,提高海外仓标准规范的影响力,提升海外仓数字化、智能化和可视化水平。

四、全面建立数字贸易规则标准

一是瞄准国际高标准数字贸易规则。浙江应积极对标 RCEP、CPTPP等在电子商务、知识产权等领域规则,在国家的统一框架下,探索在业务互通、监管互认、服务共享等方面的国际合作,重点研判 DEPA 等数字贸易领域专业国际协定对全省数字贸易的影响。二是打造自身的数字贸易标准体系。浙江应加快组建数字贸易领域相关省级专业标准化技术委员会,发挥牵引作用,在数字贸易的电子合同制定、签署、档案管理、业务信息系统建设等关键环节出台规范标准和指引。三是引导数字贸易各方力量共同参与。培育、扶持、招引一批在数字贸易领域具有引领地位的研究机构和企业,重点针对数字贸易便利化、监管智能化、数字市场价值化等内容深入探索,加强与国际数字贸易机构和企业的沟通联络。

五、重点完善数字贸易统计监管

一是建立完善数字贸易统计体系。浙江应尽快摸清数字贸易发展底数,建立数字贸易统计监测的数字化平台,不断优化数字贸易测度评估模型。二是加快建设数字贸易"单一窗口"。浙江可在数字贸易"458"系统架构下,积极推动外管、海关、税务、商务、金融等跨部门信息互换、数据共享和监管互认,提升数字贸易监管服务能力。三是建立数字贸易纠纷解决机制。浙江应按照中央指示精神,加强反垄断和反不正当竞争规制,预防和制止数字贸易领域垄断和不正当竞争行为,引导数字贸易平台合规经营,确保人民群众和消费者利益。加强跨境贸易消费者权益保护,建立知识产权境外维权渠道和争议解决机制,借鉴杭州互联网法院等形式,探索建立专门的跨境贸易法庭,加强诉讼指导和知识产权境外援助机制建设。

第十四章　数字贸易领域数字化改革

第一节　数字化改革背景

2021 年 2 月 18 日，浙江省委召开浙江省数字化改革大会，全面部署数字化改革工作。省委书记袁家军在会上强调，要认真贯彻落实全面深化改革和数字中国建设的重大部署，围绕忠实践行"八八战略"、奋力打造"重要窗口"主题主线，加快建设数字浙江，推进全省改革发展各项工作在新起点上实现新突破。数字化改革是围绕建设数字浙江目标，统筹运用数字化技术、数字化思维、数字化认知，把数字化、一体化、现代化贯穿到党的领导和经济、政治、文化、社会、生态文明建设全过程各方面，对省域治理的体制机制、组织架构、方式流程、手段工具进行全方位、系统性重塑的过程。

2021 年，数字化改革的重点任务是加快构建"1＋5＋2"工作体系，搭建好数字化改革"四梁八柱"。"1"即一体化智能化公共数据平台；"5"即五个综合应用，分别是党政机关整体智治综合应用、数字政府综合应用、数字经济综合应用、数字社会综合应用和数字法治综合应用，包含"产业大脑＋未来工厂""城市大脑＋未来社区"等核心业务场景；"2"即数字化改革的理论体系和制度规范体系。聚焦关键领域，从加快县乡一体、推动平台融合、加快数据共享、完善工作机制等方面发力，推动省市县（区）"152"体系与县以下"141"（一中心四平台一网格）体系全贯通。在加快推进"面上改革"基础上，鼓励全省各地各部门聚焦最现实、最紧迫问题，大力推进特色改革，不断提升群众获得感。

各地各部门围绕"152"跑道,坚持"一把手"带头,主动投身数字化改革浪潮,形成了你追我赶、争先创优的良好氛围,各项工作取得了阶段性的进展和明显成效。一是平台的底座更加坚实。基础设施、数据供给、组件支撑等能力全方位提升,应用统筹、组件共享、数据资源高效配置等工作机制不断完善,为五大系统建设提供了有力支撑。二是五大应用系统建设快速推进。党政机关整体智治系统以加强党的全面领导和全面加强党的建设为主线,全力推进重大应用建设,特别是"七张问题清单"应用已经实现省市县(区)三级贯通,推进党建工作具象化、可量化、可评价。三是制度规范体系的成果更加丰硕。数字化改革继续沿着"实践—理论—实践"路径螺旋式上升,把改革实践提炼总结为理论成果,固化上升为制度规范,推动理论体系越来越完善、工作机制越来越健全、话语体系越来越成熟。比如,数字政府系统出台《数字政府建设指南 V2.5》《数字政府系统"一地创新、全省共享"机制实施办法》等制度规范。

2022 年,数字化改革体系架构由"152"迭代升级为"1612"。第一个"1"即一体化智能化公共数据平台(平台＋大脑),"6"即党建统领整体智治、数字政府、数字经济、数字社会、数字文化、数字法治六大系统,第二个"1"即基层治理系统,"2"即理论体系和制度规范体系。数字化改革围绕牵一发动全身重大改革攻坚突破,编制并动态更新重大改革"一本账",将牵一发动全身重大改革分成迭代升级一批、启动实施一批、谋划推进一批三类,分类推进,重点攻坚"大综合一体化"行政执法改革、亚运智慧服务保障体制机制集成改革、打造"浙有善育"应用、推进公权力大数据监督应用扩面提质迭代、深化国土空间治理改革、迭代升级七张问题清单等,打造一批具有浙江辨识度的标志性成果。

第二节　数字贸易系统建设历程

数字贸易系统属于数字化改革体系中的数字经济系统。数字贸易系统建设,截至 2021 年末,可以分为四个阶段。

一、厘清概念内涵，快速入场起跑

2021 年 1 月 8 日，为贯彻落实袁家军书记关于开展全省数字化改革的重要指示，省商务厅作为成员单位参加深化数字经济系统建设工作第一次专班会议，负责"建立健全数字贸易体制机制"子系统建设工作。省商务厅第一时间组建数贸专班开展工作，学习借鉴 IMF、WTO 等国际组织相关定义，通过 V 形图、鱼骨图等图表工具梳理谋划整体架构，厘清数字贸易定义和内涵。多次组织专题研讨会，邀请知名专家学者作为"外脑"为数贸系统建设建言献策。探索数字贸易规则与标准制定，开展相关课题研究，与之江实验室、中国计量大学等单位建立合作机制，坚持对标一流推动系统规划建设。

按照全省数字化改革"152"体系和四横四纵的要求，探索构建了数贸系统"1643"系统架构图（1.0 版），即围绕打造全球数字贸易中心总目标，部署六大重点任务：推进服务贸易数字化转型、推进跨境电商创新发展、打造数字贸易高能级平台、优化数字贸易发展生态、探索建立数字贸易统计监测体系、探索制定数字贸易规则与标准。建设四大支柱项目：外贸"订单＋清单"监测预警管理系统、全球数字贸易云展会平台、数字自贸 3T 创新综合体和跨境电商全产业链创新平台。这些内容与项目列入了省委改革办于 2021 年 3 月 1 日印发的《浙江省数字化改革总体方案》。

二、统筹谋划场景，强化三级联动

2021 年 4 月 20 日，袁家军书记在全省数字化改革推进会上指出，要坚持以"三张清单"为抓手，打造最佳应用。数贸专班紧紧围绕全省数字化改革"一本账"，进一步梳理数字贸易三张清单。集思广益，面向全省征集重大需求和场景应用，两次召开全省数字贸易场景应用交流评审会，邀请省委改革办、网信办等省级单位和数字贸易头部企业等多方专家出席会议把脉研究，发掘了一批基层多跨场景，先后评出 3 批数字贸易场景应用先行示范点 25 个。"跨境电商溯源码""数智通关""一键找订单""浙里探馆"以及市场采购"货款宝"等 5 个应用入选数字经济系统省级应用项目目录。

"服务贸易驾驶舱"等场景应用于 2021 年 6 月首批上线全省数字化改革门户,在省级层面谋划新增了"海外仓服务在线""数字供应链创新服务"等重大应用。

加强省市县(区)三级联动,发挥改革合力。数贸专班积极回应地市特别是县区单位在数字化改革中反映的问题和诉求,主动下沉一线,深入滨江、义乌、海宁等 50 多个市县(区)开展理论业务辅导,就数字贸易内涵定义、系统顶层设计、多跨场景谋划等进行手把手指导。针对基层场景建设进度不一的情况,专班先后三次在临平、临安、钱塘等地召开全省数字贸易场景应用建设现场推进会,围绕"跨境电商溯源码""一键找订单"等典型场景进行演示汇报,交流指导场景建设路径方法,发挥示范帮带作用,确保基层找准跑道,不落后不跑偏。

三、聚焦综合集成,推动全面贯通

坚持边探索边调整,认真总结前阶段场景应用建设,深入学习把握"重大任务—核心业务—重大应用—多跨场景应用—子场景应用"的路径,着眼打造集成性重大应用,重新梳理核心业务流程。2021 年 9 月 18 日,袁家军书记在省委财经委会议上提出了数字贸易"458"系统架构,这既是数字贸易发展工作的根本遵循,也是数字贸易"单一窗口"的建设纲领。数贸专班按照数字贸易产业、平台、生态、制度和监管五大体系将数字贸易的子场景应用进行集成分类,重塑业务流程,打造数字贸易"单一窗口"重大应用。与海关、税务、外管等部门召开座谈会,沟通推进跨部门数据归集和互联互通,打造包含数字贸易和跨境电商全产业链的综合应用。

在重大应用贯通上,专班积极开展推广和培训工作,发布相关应用操作手册,组织企业参加线上线下培训,根据实际使用情况不断完善功能模块。目前"浙里探馆"和"全省展会一张图"应用已在多个市县实现数据贯通,并在全省范围内快速推广;"跨境电商溯源码"应用作为数字经济系统"揭榜挂帅"首批第一单,在试点企业受到广泛好评。"数智通关""一键找订单"等应用在基层试点进展顺利。

四、持续迭代升级,打造硬核成果

根据不断深化迭代的要求和数字经济系统最新架构,数贸专班重新梳理形成以"贸易大脑＋未来市场"为核心,以"浙里贸易""浙里消费"为两个重要跑道的新架构,探索确定"浙里贸易""浙里消费""贸易大脑"和"未来市场"等名词的定义内涵。"浙里贸易"跑道聚焦打造数字贸易全产业链,健全数字贸易体制机制,下设数字服务贸易、贸易数字化、跨境电商、数字供应链、数字展览等子跑道。"浙里消费"跑道聚焦新型消费,谋划建设"浙里数字生活服务应用""浙里好家政"等重大应用。

按照应用成果、理论成果和制度成果"三大成果"的要求,数贸专班对标省级最佳应用,邀请省经信厅、省市场监管局、省大数据局等单位来厅授课指导,推动重大应用建设与推广,加快形成硬核应用成果。从数字贸易定义和标准规则方面入手研究,成立数字贸易专家委员会,推动省数字贸易标技委成立,重点聚焦数字贸易相关政策发布和全省数字化改革教材编写工作,推动形成数字贸易浙江话语体系。

第三节　数字贸易系统场景应用成果

数字贸易系统场景应用体系建设中,主要通过梳理数字贸易全产业链的重要节点,在不同环节使用数字化改革的场景应用进行替代和流程重塑。聚焦平台贯通、应用贯通和体制贯通,将各数字贸易子场景综合集成。数字贸易系统场景应用成果不断涌现,解决了数字贸易领域内传统手段难以解决的问题,有力撬动了数字贸易各方面改革,为打造全球数字贸易中心丰富了内涵,为浙江高质量发展建设共同富裕示范区和争创社会主义现代化先行省提供了强大动力。典型场景应用成果如下。

一、"数字贸易服务在线"

"数字贸易服务在线"场景应用,是全省数字贸易"458"系统架构的核心,立足四大发展定位,把握五大实现路径,通过梳理"三张清单",明确顶层设计,打造多跨场景应用集成门户,构建了数字贸易发展的内在逻辑体系。

"数字贸易服务在线"根据需求清单,坚持利用"V字模型"对核心业务进行梳理,注重打通跨领域、跨部门的业务数据,围绕数字贸易"458"系统架构不断强化认识,完善场景应用建设,推动迭代升级。

一是搭建数字贸易产业体系。围绕推动数字贸易产业高质量发展需求,打造数字服务贸易在线、数字订购贸易在线等场景应用,整合数据产业,推动了数据交易破题,更好发挥数据作为资源要素的价值。二是搭建数字贸易平台体系。围绕建设线上线下联动的高能级平台需求,打造数字贸易会展平台、数字自贸创新平台、跨境电商综合平台等场景应用,推动了要素资源集聚,提升平台发展能级,激发全域创新动力。三是搭建数字贸易监管体系。围绕建立全流程数字贸易监管体制机制需求,打造"跨境通关监管在线""跨境交易监管在线"等场景应用,以数字化驱动业务流程重塑,创新跨境通关、交易监管模式,提升了发展效能。四是搭建数字贸易生态体系。围绕提升供应链效率、完善公共服务体系需求,打造"数字物流服务在线""数字外贸服务在线""数字金融服务在线"等场景应用,营造了共建共用共享的服务生态圈,为数字生态系统层面的博弈提供坚实基础。五是搭建数字贸易制度体系,围绕顶层设计完善、规则标准话语权提升需求,形成全国首个省委省政府层面出台的数字贸易政策文件《关于大力发展数字贸易的若干意见》等理论制度成果,创新统计监测模型,填补了当前国内数字贸易统计监测制度的空白。

"数字贸易服务在线"在平台贯通方面,积极推动与场景协同单位对接交流,深化省市县(区)数据资源开放共享。在功能贯通方面,集成基层首创子场景,形成"一地创新、全省共享"。在体制贯通方面,建立省市县(区)专班工作机制、场景联通机制和应用共建机制。"数字贸易服务在线"将继续迭代升级,不断推动数字贸易数据资源开放共享、数据治理闭环管理、企业服务精准有效,为全国数字贸易先行探路、引领示范。

二、"服务贸易驾驶舱"

"服务贸易驾驶舱"是破解数字贸易高质量发展难点的具体应用,在推动数字贸易标准统一、数字贸易政策聚合、数据资源规范使用等方面提供新的探索。"服务贸易驾驶舱"依托国家服务贸易统计监测系统统一平台,协同引接服务贸易相关领域多个平台系统,打造仪表感知、协同传动、智控制动、引擎驱动四大中心。

一是打造仪表感知中心,监测分析浙江服务贸易运行态势。该中心包括服务贸易、服务外包与技术贸易三大板块。服务贸易板块横向剖析浙江全省服务贸易总体规模、市场分布、行业结构等,纵向监测各地市服务贸易运行情况。服务外包板块展示服务外包规模、行业结构与重点市场分布情况。技术贸易板块展示了技术贸易规模、行业结构、龙头企业、企业性质结构。

二是打造协同传动中心,推动服务贸易相关行业主管部门的数据交换。探索打通服务贸易的横向 12 个领域与纵向省市县(区)数据,采用"1＋N"的设计思路,综合展示浙江服务贸易各行业发展情况,"1"即展示服务贸易各行业的主体数据包括规模、增速、结构等,"N"即引接与该服务贸易行业相关的行业特定展示平台。

三是打造智控制动中心,形成服务贸易政策体系,提升政府治理能力。提供服务贸易领域、平台、主体全方位覆盖的政策引导,为地方政府提供平台、企业的政策扶持体系,加强对服务贸易企业的引导和要素保障,形成政策供给库。

四是打造引擎驱动中心,培育重点平台和领军企业,引领服务贸易发展。集成展现服务贸易基地、数字展览、创新示范试点运行发展情况,包括入驻企业数量和出口额等,协同引接物联网小镇数字贸易驾驶舱,展示浙江服务贸易企业发展情况。

"服务贸易驾驶舱"探索破解服务贸易跨部门协同难题,目前四大中心已经上线。一是满足市场监测需求,建立了可视化企业精准画像。通过整合分析服务贸易企业相关数据,建立企业画像,为准入、资格风险、行为风险等提供数据支撑。二是满足政府决策需求,形成了科学化统计评价体系。形成了目标体系、工作体系、政策体系、评价体系的工作闭环管理,多维度、多口径进行市场对比和关联分析,监测市场形势。三是满足公共服务需求,构筑了全方位政策供给通道,整合了国家、各省市有关服务贸易及数字贸易的政策,梳理了国内外数字贸易领域标准,帮助浙江数字贸易企业明确相关标准,及时了解政策安排,更好享受政策扶持。

三、"海外智慧物流平台"

"海外智慧物流平台(海外仓服务在线)"场景应用是聚焦国际航运价格暴涨、企业用仓需求差异化、仓库综合利用效率不高等共性难题打造的数字化企业服务平台,以建强新型基础设施,完善海外营销体系,扩大出口增量为改革导向,运用大数据、区块链、人工智能等技术,促进对外贸易高质量发展。

一是优化全球市场布局。通过海外仓分布坐标点及对应的仓储面积,生成热力坐标图,帮助政府一屏掌控海外仓分布情况。根据市场开拓需求,持续完善传统重点出口市场、新兴市场和中欧班列沿线国家的海外仓布局。二是打造多跨协同场景。实现跨流程服务、跨境内外联运,为海外仓企业、外贸企业提供信保、融资等多跨服务。目前已有180多家企业提交投保需求,平台全流程跟踪投保状态,直至完成投保,形成闭环。融资板块现已上线中国银行、农业银行和宁波银行等普惠金融产品,通过与海关、外汇管理、税务等部门实现数据共享,集成出口、收结汇、出口退税等重要多跨数据,帮助商业银行缩短审批时间,提高企业授信额度,改革传统抵押担保方式方法,为企业发展降本增效。平台还为企业提供国别行业预警信息、海外企业资信红绿灯等功能,方便企业查询行业动态、海外买家"健康度"等预警信息,切实提高企业防控风险能力。三是保障平台数据安全。利用"订单+清单"监测预警管理系统数据底座、区块链技术为平台数据技术支撑,实现隐私保护需求下的数据价值传递,为平台的发展打下重要基础。伴随着多跨业务的协同共享,功能服务的迭代升级,"海外仓服务在线平台"正逐步向"海外智慧综合服务平台"发展推进。

2021 年 10 月 14 日,李克强总理在第 130 届中国进出口商品交易会暨珠江国际贸易论坛开幕式上的主旨演讲中,专门提及"加快发展海外仓等新业态,推动建设海外智慧物流平台"。2021 年 10 月 15 日,商务部在第 130 届广交会暨珠江国际贸易论坛分论坛上举行"海外物流智慧平台—海外仓服务在线"启动仪式面向全球进行推广。截至 2021 年 11 月 16 日,平台已在"浙里办""浙政钉"等端上架,入驻海外仓 217 个(包括中邮、纵腾、海珠、乐歌等全国知名海外仓),覆盖全球城市 37 个,总面积超过 350 万平方米,覆盖企业 5 万多家,平均日访问量达 2000 多次,形成订单 2 万多笔,并分别召开多场海外智慧物流平台全省推进会、培训会,全省各县市区贯通率达 100%。

四、"跨境电商溯源码"

"跨境电商溯源码"是浙江省首批数字经济系统多跨应用场景"揭榜挂帅"揭榜大会上公布的第一个应用场景,主要分为出口溯源码、进口溯源码和防伪溯源码,分别由各区县企业、政府部门试点建设。

跨境电商出口溯源码以政府、企业、消费者三侧需求切入,纵向贯通省市县(区)等多个层级,横向贯通商务、海关、市场监管等多个政府部门,打通不同部门的数据共享壁垒,将跨境电商出口全流程信息汇集在产品溯源码中,建立起跨境电商行业的数字化通关、统计、监测、管理机制,简化了跨境商品通关流程,实现"一点退全关区",改善了跨境电商退换货效率,提升企业竞争力和政府治理效能。通过出口溯源码,消费者可全程追溯出口产品物流轨迹,实现无忧退换、无忧购物。出口溯源码已于 2021 年 10 月上线政府侧,截至 2021 年 11 月,出口溯源订单数量已超过 3 万单,涉及 21 个境外国家和地区,累计商品价值已达 140 多万美元。

跨境电商进口溯源码注重发挥大数据信息化优势,促进进口商品的全过程追溯。主要功能体现在两点,一是应用防伪溯源标签和防伪溯源查询,确保商品来源合法合规,让消费者买到纯正进口商品;二是构建进口商品溯源体系,推动进口商品安全质量管理从被动监督向主动出击转变、粗放笼统向集约精准转变。在政府监管方面,可实现进口溯源,提升市场监管、海关、口岸等部门安全保障综合能力;企业应用方面,可实现流程规范化、信息可追溯化,帮助传递商品真实价值、提升企业品牌形象;消费者服务方面,可实现进口商品的质量把控,切实保护消费者权益。

跨境电商防伪溯源码是运用区块链存证技术及防伪技术,整合全国产品防伪溯源验证公共平台等资源,创新研发的"触达生产源头保真保质"的防伪溯源模式。防伪溯源码的工作原理是在触达商品生产的现场进行源头核验认证及质量检验,给符合交付标准的商品贴上防伪溯源码,并将相关信息上传至"中国防伪"平台。监管部门和消费者扫码后可在防伪溯源后台系统查看到真实生产源头信息。保障消费者"买得放心",跨境电商平台及企业"卖得安心",政府监管部门"管得省心"。

五、"数智通关"

"数智通关"以数字贸易跨境便利化为"小切口",结合企业在贸易通关环节数据下载难、处理难、通关不可控等痛点堵点,围绕政府在数据共享、形势预判、辅助决策等重大需求,为企业提供跨境电商申报、通关可视化、通关数字化等服务模块,为政府提供可汇总、可分析、可预判的大屏展示,形成数字化、一体化的解决方案。"数智通关"主要包括通关便利化子系统和跨境电商 9710/9810 申报子系统两个子系统。

(1)通关便利化子系统。该系统主要帮助企业实现通关数据实时回传,在平台上生成报关单、季度、年度分析报表,自定义导出数据,同时还可以实时查看通关状态,帮助企业节省时间和人力成本。

(2)跨境电商 9710/9810 申报子系统。该系统帮助企业在海关监管模式下实现跨境电商 9710/9810 各种业务单证申报及单证状态及时跟踪,操作界面更加友好,自动形成模板,并可对申报数据进行多维度统计分析。

"数智通关"结合海关、商务等部门数据资源,连通"单一窗口"标准版、地方版公共接口,对接"订单+清单"系统,打通跨部门、跨行业数据壁垒,实现多跨协同的场景应用,不新建、不重建,使项目具有普适性,易复制、易推广。截至 2021 年 11 月,滨江区已有 498 家企业完成注册,全区年出口 50 万美元以上企业实现全覆盖,通关订阅数据回流超 10000 单,累计进出口总货值达 60 亿元,并吸引了吉利集团旗下宁波子公司和上海子公司入驻系统,实现跨省服务。同时,还积极探索"智慧报关",提升报关单数据回流和处理效率。

六、"一键找订单"

"一键找订单"集成了海量的国际贸易交易数据,通过对数据的分析研判,一方面服务外贸企业匹配境外客户,有效开拓国际市场,为企业提供客户管理、线上交流、预警发布和订单交付服务等功能;另一方面帮助政府实现对外贸企业的智慧化管理,提高科学决策能力,从而达到政府部门管理智治和外贸企业精准服务的目的。企业和政府都可以通过 HS 编码、采购商和供应商等多个维度进行全球信息查找和匹配,呈现采购商上下游的交易图谱,实现客户按层次分类管理。

"一键找订单"的具体做法主要包含七个步骤:一是设置任务定义,明确"干什么";二是拆解各项任务并确定牵头协同关系,明确"业务有哪些"和"谁来做";三是建立过程性指标体系,明确"如何评价";四是确定数据需求和来源,明确"需要哪些数据,数据从哪里来";五是明确业务协同流程,明确"流程怎么优化";六是完善数据和业务集成,明确"数据和业务怎么实现集成";七是建立分析监控体系和整体呈现方式,明确"过程如何监控和呈现"。

"一键找订单"场景应用的开发建设是对传统意义上贸易数字化的突破和完善,通过实现贸易撮合、贸易服务等多环节的数字化以及多渠道整合市场主体及产品并通过智能科技集成手段将其数字化,最大限度实现资源优化与效率提升,实现了数据的开放共享、体制机制的创新以及流程业务的重塑。"一键找订单"涵盖约 4 亿家全球企业信息,2200 万真实买家信息,18亿的海关报关信息以及 1.2 亿家企业的精准邮箱地址;场景考虑为全区632 家外贸企业提供拓客服务,为相关经济部门业务管理提供帮助。场景于 2021 年 8 月底实现门户上线后,已完成外贸企业培训 60 家,完成外贸业务人员培训 500 人次以上,上线企业综合应用情况良好。

七、市场采购"货款宝"

"货款宝"是义乌小商品城 Chinagoods 为市场经营户、贸易公司推出的市场采购贸易尾款保障服务产品,叠加了市场采购、数字贸易、保险保障、金融赋能四大核心要素。通过商城先行垫付 60％货款、三大保险保障回款等措施,提供市场采购贸易货款保障方案,有效缓解外贸主体的资金周转压力、降低外贸"赊销风险"。

"货款宝"的具体做法主要包含五个方面:一是强化客户准入及额度审核标准,做好事前风控;二是物流及货款宝服务下单及垫款,解决融资难题;三是实行国内仓验货、海外仓控货双保障,物流全链路可视化,海外仓 15 天免仓租服务,收到尾款再放货,全程保障货物安全。四是国内结汇、清分及订单核销。开辟银行阳光结汇通道,交易双方无需额外提交单据,实时结汇,降低账户被冻结的风险。五是保险全覆盖。使用中国人保出口信用保险、货运险、正品险三大险种降低风险。

"货款宝"项目通过创新"物流＋金融"的服务模式,依托环球义达平台入驻物流企业服务履约保障能力和市场采购出口信用保险全覆盖,提供入仓即收 60％尾款、全程物流控货、三重保险保障、阳光结汇通道等服务,打造透明的贸易流、物流、资金流闭环,构建物贸一体的安全保障平台。作为贸易服务数字化的场景应用,项目切实保障了经营户及外贸公司利益,降低了国际贸易风险,为客户提供了更多的贸易选择。"贷款宝"已经取得初步成就,项目自 2021 年 3 月 1 日正式启动注册以来,已累计收到义乌市域内市场经营户及外贸公司申请 34044 户,其中已通过审核并激 31408 户,激活额度 551 亿元。累计完成 GMV 2750 万元,发放垫款 1124.9 万元。

八、"数字展览"

"数字展览"在线重点围绕展馆运营、数据管控、增值服务、数字应用四个方面,搭建数字展馆管理服务平台,提升浙江数字展会新基建配置,更好地为企业提供数字化服务。数字展览具体可分为"浙里探馆""全省展会一张图"等场景应用。

"浙里探馆"场景应用侧重数据监测,建设统一的全省展馆大数据平台,兼具展馆运营和多跨业务协同应用,为企业提供市场化办展、订馆、参展的全流程服务;构建线上与线下结合的信息交互平台,通过数据共享和采集为政府决策提供数据支撑,助推展览展示行业数字化转型。"浙里探馆"可实现省市县(区)展馆数据三级联动,展示各地市展馆办展数量排行、各展馆地图分布、展馆出租率及增长率变化趋势分析、全省办展情况概览等情况。目前已成功上线包含义乌国际博览中心、杭州和平会展中心、白马湖会展中心等省内的 23 个展馆,已在义乌市、滨江区、宁海县开展建设和应用,后续将在全省展馆、会议中心、展会中心等进行复制推广。

"全省展会一张图"场景应用分为政府侧和企业侧。政府侧注重全省重点展会的规范管理和统筹协调,基于数字展览应用统一数据仓,实现省市县(区)展会数据三级联通,集中分析、展示全省重点展会分布、数据统计、展会绩效等内容,降低企业数字参展成本。"全省展会一张图"通过数据归集,帮助政府部门实时掌握浙江企业开拓全球市场轨迹,有效评估政府展览资金使用情况,为政府引导展会行业发展提供有力的数据支撑。"全省展会一张图"场景应用于 2021 年 8 月份正式上线浙政钉,目前已成功上线湖州市重点展会目录及展会绩效。企业侧注重企业参展服务,方便参展企业一键查询展会目录,提供展会服务、政策咨询等板块,并且打通浙里办用户体系,企业可在线提交参展意向申请,简化办展流程,提高办展效率。

第四节　数字贸易系统理论制度成果

一、理论成果

一是积极构建数字贸易语义语境,形成《数字贸易定义集》。2021 年 6 月中旬,启动数字贸易定义集编写工作,面向全社会广泛征集条目定义。《数字贸易定义集》从综合篇、数字服务、数字平台、数字技术、浙江篇五大板块,梳理了数字贸易、数字服务贸易、跨境电商、数字供应链等 100 余项相关定义，指导各地学习培训使用，目前已在 2021 年中国国际服务贸易交易会发布。

二是深入数字贸易热点及前沿研究，形成《浙江省数字贸易理论成果汇编（第一、二集）》《钱塘数字贸易论坛理论成果汇编》、4 项数字贸易理论研究系列成果以及多项研究报告。通过举办数字贸易主题论坛，总结专家观点，综合服务贸易数字化转型、跨境电商创新发展、打造数字贸易高能级平台、优化数字贸易发展生态、探索制定数字贸易规则与标准等方面内容，形成数字贸易理论成果汇编及研究论文，展示数字贸易前沿成果。

三是形成优秀案例集 2 项。一方面，通过向全省商务系统广泛征集一批"小切口、大牵引"的优秀场景应用，组织交流评审会和现场推进会，先后确定了两批共 23 个场景应用先行示范点。另一方面，征集各县市 60 余家企业申报案例形成 68 份案例，形成《浙江数字贸易创新应用优秀案例选编》《数字化改革数字贸易最佳实践案例》。其中，《浙江数字贸易创新应用优秀案例选编》也在 2021 年中国国际服务贸易交易会中发布。

四是完成数字贸易研究重大课题 3 项。围绕全球数字贸易中心建设思路、新型国际贸易中心路径研究等主题展开深入研究，已形成《浙江构建区域型国际贸易中心的路径研究》和《关于加快建设全球数字贸易中心的思路与对策研究》等研究成果。

五是完成数字经济系统数字化改革教材编制工作，对"贸易大脑""未来市场"等重要概念进行研究探讨，完成数字贸易相关重点应用场景的建设路径研究。

二、制度成果

一是落实浙江省委、省政府工作部署，发布意见类文件 2 份。推动浙江省委、省政府出台《关于大力发展数字贸易的若干意见》，加快打造数字贸易中心，推进数字贸易高质量发展。联合浙江省人社厅发布《关于加强高素质商务人才培养提升商务高质量发展新能力的实施意见》，为数字贸易发展提供人才保障。

二是推动数字贸易发展落地见效，发布行动计划 2 项。发布《浙江跨境电子商务高质量发展行动计划》，推进全省跨境电子商务供应链智慧化、贸易便利化和服务优质化，并配套《跨境电子商务三年行动计划》。起草《中国（浙江）自由贸易试验区打造数字自贸区三年行动计划（2022—2024）》，推动数字产业、数字金融、数字物流、数字监管赋能数字贸易关键环节。

三是不断提升标准规则话语权，发布管理规范类文件2份。出台《外贸综合服务企业服务规范》省级地方标准，规范外贸综合服务企业操作细则。出台《电子商务直播基地管理与服务规范》，对电子商务直播基地的分类、规划与建设、经营管理、配套服务、安全管理、服务质量改进与提高等进行梳理与规范。

四是加快完善数字贸易顶层设计，发布规划类文件4份。具体包括《浙江省服务贸易发展"十四五"规划》《浙江省自由贸易发展"十四五"规划》《浙江省新型贸易发展"十四五"规划》《浙江省商务高质量发展"十四五"规划》等。

第五节　数字贸易系统建设思考

一、系统思维是数字化改革整体智治的纲举目张

数字化改革是一项复杂的系统工程，解开"混沌"系统、厘清改革逻辑，必须运用系统化的思维。一是协同作战。一切从改革任务需求出发，主动打破条线分割，积极破除业务藩篱，汇聚单位资源，形成工作合力。统筹省商务厅内相关处室、厅属单位和商协会，集体攻关协同作战，实现"1+1＞2"效应。二是系统开放。"数字贸易服务在线"建设过程中，不断吸纳数字贸易相关新的子系统，使得数字贸易系统更加完备，改革牵引力进一步增强。三是动态迭代。在打造"数字自贸3T综合体"中，系统地阐述了"以服务贸易为先行，以数字贸易为核心，以自由贸易为导向"的逻辑关系，从服务贸易驾驶舱到数字贸易服务在线，每一次的迭代升级都是系统的一次重构，是场景向着新的建设目标的动态演进。

二、多跨场景是数字化改革创新突破的重要抓手

场景革命是数字化改革的突破口。数字化改革在场景层面的延展,就是针对经济社会发展遇到的新痛点新需求,运用数字化思维、认知、技术、方法等,将数字化场景应用建设作为载体,推动原有制度的革命性重塑,打破固有的边界。

一是坚持需求导向。如果没有企业、基层的需求,场景应用的使用频率很少,说明场景建设的紧迫性不足、意义不大。目前数字贸易存在建立统计监测体系、集成企业综合服务、提升供应链效率、明确数据要素产权、加强规则标准话语权等迫切需求,"数字贸易服务在线"即围绕这些需求而打造。二是坚持综合集成。把多个"小"场景通过设计全链条闭环管理,组合成为一个"大"场景,提升改革牵引力,推动单一场景演变成广覆盖、高频次的多跨场景,是场景建设的必由之路。在集成过程中,必须以数据贯通为抓手,从多部门、多主体、多业务等角度系统谋划,注意改革过程的复杂性,分步骤分阶段推进子场景建设和链接。

三、理论体系是数字化改革统一语义语境的行动指南

浙江依托数字化改革打造全球数字贸易中心,要对数字化改革内涵、方法、路径、成果进行提炼与研究,形成数字贸易理论体系,展示数字化改革的硬核成果。一是厘清概念内涵。浙江对于数字贸易的研究起步较早,为数字贸易系统提供了深刻借鉴。早在数字化改革伊始,数贸专班深入讨论数字贸易相关定义并形成共识,特别是《数字贸易定义集》的发布构建了数字贸易语义语境,为后期谋划场景应用建设提供理论依据。随后"贸易大脑+未来市场"的定义探讨和"浙里贸易""浙里消费"的跑道确定,进一步明晰了数字经济系统中商务领域的定位,覆盖面得到拓展。二是拓展理论体系。"跨境电商溯源码"建设丰富了跨境电商在数字化治理、全链路数字化监管等方面的实践理论,"服贸驾驶舱"建设对服务贸易数据归集研究有了更深的认识。通过及时总结提炼数字化改革和数字贸易创新发展实践的理论成果,校准改革认知和共识,积极打造与全球数字贸易中心相匹配的理论体系。

四、制度重塑是衡量数字化改革成功与否的关键核心

衡量数字化改革成功与否,关键在于能否实现制度重塑,并保持持久生命力。一是破旧立新。数贸系统专班推动出台的全国首个浙江省委、省政府层面的数字贸易指导意见,为数字贸易领域的数字化改革发挥了纲领性作用。二是创新机制。数贸系统专班全面建立清单化管理机制、省市县(区)镇四级联动机制、场景应用共建机制,对照"三张清单"要求和全省数字化改革一本账 S0、S1 目录,形成横向联动、纵向贯通的高效运行管理体系,大大提高了工作效率和改革效果。三是聚焦示范。坚持在复制推广实践中固化制度成果,发布全国首个外贸综合服务新业态地方标准,在全国引领行业风向。"服务贸易驾驶舱"在杭州率先落地,并在 2021 年 3 月份全国全面深化服务贸易创新发展试点现场会上宣传推广,为加快发展数字贸易发展新模式提供了"浙江经验"。

第十五章　数字自贸区建设

第一节　数字自贸区建设背景

当前,全球信息化进入全面渗透、跨界融合、加速创新、引领发展的新阶段,数字经济成为经济发展的新动力。2019 年 1 月,时任浙江省省长袁家军在《政府工作报告》中首次明确提出要创建数字自贸区。2021 年 2 月,在全省数字化改革大会上,袁家军书记全面部署了数字化改革工作,2021 年 3 月 29 日袁家军书记在中国(浙江)自由贸易试验区工作领导小组会议上强调,要加快建设数字自贸区。浙江自贸试验区扩区以来,吸引全球高端要素能力全面提升,一批重大项目加快推进。在此基础上,面向"十四五",浙江明确提出围绕"五大功能定位"建设,着力打造数字自贸区、油气自贸区、枢纽自贸区 3 张"金名片"。数字自贸区是许多自贸试验区瞄准的建设方向,浙江起步最早、基础较好,有条件率先破题。

对浙江而言,当前"数字自贸区"的建设重点是打造全球数字贸易中心核心承载区。浙江将发挥数字贸易先行优势,充分释放数字经济新动能,立足数字产业集聚区、数字金融创新区、数字物流先行区、数字监管标杆区四大发展定位,努力打造制度先行、产业高端、服务优质、监管高效的数字自贸区,建立与国际接轨、具有浙江特色的数字贸易发展机制、监管模式和营商环境。

第二节　浙江建设数字自贸区的优势

浙江自贸试验区在全国率先实现赋权扩区,先行先试的领域及范围进一步扩大,在数字自贸区建设方面具有得天独厚的优势。

一是数字化转型走在前列,为建设数字自贸区提供了改革环境。十几年来,浙江一直围绕"数字浙江"建设持续发力。在政府数字化转型领域,推动"最多跑一次"改革、"互联网＋政务",推广浙政钉、浙里办等掌上办事平台,成为全国审批事项最少、管理效率最高、服务质量最优的省份之一。在经济数字化转型领域,推动了互联网＋大数据、人工智能与实体经济深度融合和制造业、服务业数字化。在社会数字化转型领域,构建了城市大脑数字化治理体系,推进城市、医疗、交通、就业、公共安全等服务场景化。

二是数字经济独树一帜,为建设数字自贸区提供了产业基础。当前,浙江数字经济发展走在全国前列,渗透到贸易、金融、制造、社会等各个领域,新技术、新业态、新模式层出不穷。浙江作为电子商务全国最发达的省份之一,以跨境电商为代表的数字贸易已实现全省覆盖,集聚了阿里巴巴、网易等超过全国三分之一的跨境电商平台。世界电子贸易平台(eWTP)目前布点国家和地区达 7 个。涌现了一大批以海康威视、浙江大华等为代表的数字制造企业,5G、人工智能、工业互联网、云计算等新型基础设施加快建设。近些年杭州人才流入率位居全国第一,成为互联网工程师创业创新流出首选目的地。数字金融创新发展,孕育出蚂蚁集团、连连数字科技、乒乓智能技术、恒生电子等一大批国际国内知名金融科技公司。

三是港航物流条件优越,为建设数字自贸区提供了服务条件。浙江拥有兼具海、陆、空、信息港的多样化港航物流体系。宁波舟山港是世界第一大港,形成了口岸物流手续无纸化等一系列数字口岸服务创新举措,货物吞吐量连续 12 年保持全球第一。义乌陆港是国内最大陆港,年货物吞吐量超百万标箱,已实现管理数字化、营运网络化、服务体系化、决策智能化。拥有杭州萧山机场等数个高等级民用运输机场,搭建了多式联运智能化物流网络体系。构建了"四港"综合信息服务平台,推动联运大脑与海港、陆港、空港枢纽信息互联互通。菜鸟网络、长龙航空、百世物流科技、海仓科技等龙头物流企业纷纷落地,带动现代物流服务业加快发展。

第三节　数字自贸区建设思路

浙江建设数字自贸区,将以数字化改革为引领,以打造全球数字贸易中心核心承载区为目标,以对标国际先进规则和满足企业需求为导向,按照"458"系统架构,推动数字产业、数字金融、数字物流、数字监管赋能数字贸易关键环节,着力构建数字贸易生态圈和数据产业链,基本建成数字产业集聚区、数字金融创新区、数字物流先行区、数字监管标杆区,打造全球数字变革高地,为全国自贸试验区建设贡献"浙江经验"。

全面落实国家赋予的"五大功能定位"和全省数字化改革部署,以企业、社会、人民需求为导向,以数据资源为关键要素,精准切入数字全产业链关键环节,加快党政机关整体智治、政务服务流程再造,开展规则、规制、管理、标准等制度型开放,全方位推进制度重塑,努力打造全球数字变革的策源地、全球数字贸易中心和具有全球影响力的数字贸易规则与标准制定高地。

一是全球数字变革的策源地。数字赋能全覆盖党政机关、政务服务,实现全域"全局一屏掌控、政令一键智达、执行一贯到底、服务一网通办、监管一览无余";建设全国电子数据交换系统贸易网,打造枢纽型国际化数字强港;依托数字化手段,开展自贸试验区一体化风险防控监管平台体系差别化探索,打造数字一体化监管服务平台。

二是全球数字贸易中心。打造一批"灯塔型企业",根据数字经济的发展规律,集聚一批在全国乃至全球具有引领作用的数字贸易企业;强化金融支撑,鼓励各类金融机构创新金融服务和金融产品,引导各类创投企业投向数字经济领域创新创业项目;把国家数字服务出口基地打造为数字贸易先行示范区。

三是具有全球影响力的数字贸易规则与标准制定高地。加强数字经济领域国际规则、标准研究制定,推动标准行业互信互认。在国家数据跨境传输安全管理制度框架下,试点开展数据跨境流动安全评估,探索建立数据保护能力认证、数据流动备份审查、跨境数据流动和交易风险评估等数据安全管理机制。明确数据跨境传输的评估机制和操作规则,在特定区域内试点建设跨境数据流通公共服务平台,构建跨境数据流通安全管理体系,打造集基础算力、合规评估、数据汇聚、通用技术、安全监管、供需对接等功能的全球数据港。主动对标 CPTPP、RCEP 等国际经贸规则,构建有别于欧盟、日本等经济体的规则和标准,抢占数字贸易规则高地,争夺数字贸易规则制定话语权。

第四节　加快建设数字自贸区的建议

数字自贸区的实施路径以杭州片区为主体,甬舟、金义为两翼,辐射带动全省联动创新区创新发展,推动数字产业、数字金融、数字物流、数字监管赋能数字贸易关键环节,着力构建数字自贸区产业、平台、生态、制度、监管五大体系。

一是以数字贸易为核心,聚焦"贸易自由化便利化",打造全球数字贸易中心。加快数字贸易先行示范区建设,深化杭州、宁波、义乌等跨境电子商务综合试验区建设,发挥阿里速卖通、天猫国际、网易等平台、企业优势资源,构建数字贸易新业态、新场景、新平台。推动国家数字服务出口基地建设,先行建设高新区(滨江)物联网产业园国家数字服务出口基地和中国浙江影视产业合作区国家文化出口基地,推动宁波、金华等地的数字贸易园区争先进位。高水平打造全球数字贸易博览会,举办以数字贸易为主题的系列专项活动,向全球展示数字化改革成果。积极接轨 RCEP、CPTPP 等在跨境电商、电子支付等领域约定的协议标准,探索在数据交互、分级分类、业务互通、监管互认、服务共享等方面的国际合作及数字确权等数字贸易规则研究,建成具有全球影响力的数字贸易规则与标准制定高地。

二是以数字产业为引擎,聚焦"数字产业化""产业数字化"。依托之江实验室等重大科创平台,探索构建数字科技全链路应用体系,壮大集成电路、数字安防等千亿级标志性产业链,做强云计算、大数据、人工智能等新兴产业,做实生物医药、新材料、物联网等优势支柱产业,做大量子信息、区块链、虚拟现实等前瞻未来产业,探索建设未来产业先导区。大力推进"产业大脑＋未来工厂"建设,发展"数字化车间",培育"智能工厂",推进"一键入园"多跨应用场景建设。加快建设数字新基建,创新应用大数据、云计算、人工智能等数字技术,推进以 5G、IPv6、数据中心、超算中心、卫星互联网为核心的数字新基建。围绕"数据产业链"建设,争取在杭州等地设立数据资产评估运营节点,探索构建数据资产质量评估、资产价值评估、资产定价的数据资产评估体系。依托滨江物联网产业园等平台,探索建立跨境数据流通治理与运营平台,率先开展数据跨境流动便利化试点,探索商务数据开放共享机制和应用。

三是以数字金融为特色,聚焦"数字支付",搭建数字经济时代完备的金融服务体系。推动打造数字人民币应用场景示范,以蚂蚁集团与央行数研所签署技术战略合作协议为契机,先行在杭州亚运会场景进行内部封闭试点测试,积极争取杭州等城市落地数字货币试点,打造数字货币应用示范区。积极探索构建与数字贸易相适应的金融支付体系,开展本外币合一银行结算账户体系试点。鼓励依法设立银行卡清算机构,鼓励连连科技、乒乓智能等跨境支付企业开展多元化支付清算服务。对标新加坡国际结算生态,探索人民币离岸结算业务,力争国际结算企业落户。推进大数据、区块链等新技术与金融深度融合,确定杭州等地特定区域,稳妥有序开展金融创新应用项目的"沙盒"监管,成熟一个,出箱一个。

四是以数字物流为支撑,聚焦"数字枢纽",构建与数字物流产业链相匹配的现代流通服务体系。以宁波舟山港为核心联动杭州、宁波双国际航空港和义乌国际陆港,探索建立多式联运规则和标准体系,建立健全铁公水物流信息互联标准。推动杭州落实开通第五航权开放,加大杭州、宁波机场开辟国际航线、航空货运力度,建设临空经济示范区。建立浙江快递物流指数,打造全球航运物流风向标。以市场化方式加快菜鸟网络在全球节点布局 eHub,完善全球智能物流骨干网,建设全球 123 快货物流圈。以数智化融合项目实施为载体,主动布局未来供应链,通过"供应链＋数据"智能实现全维应用实时同步,推动智慧供应链生态建设。加快培育一批软件开发、数据支持、管理咨询、流程外包等第三方物流服务机构,引导跨国公司、国际数字物流服务企业在浙江设立区域总部。打造国际人才流动特区,建设国际人才流通图谱,借助大数据、云计算、区块链等数字技术,绘制全球人才资源分布地图。探索设立数字自贸区"人才卡",建立境内外人才身份转换机制,推进国际人才出入境便利化。

五是以数字监管为重点,聚焦"整体智治",建设与数字全产业链发展相适应的治理体系。加快"数字政府"建设,依托浙政钉、浙里办等平台,开展"去中心化"改革,推动"掌上办事""掌上办公"在自贸试验区全覆盖。创新"互联网＋口岸"新服务,建设具有数据联通、数字围网、秒级通关、智能服务等功能的数字口岸。依托网络交易信息采集和多维度大数据分析模型,建设网络交易主体和网络交易行为的大数据监测系统。面向数字自贸区新技术、新业态、新模式、新场景发展建设过程中的轻微违法违规行为,探索建立容错免责清单、减责清单等。营造数字服务最优生态,加快中国(杭州)知识产权保护中心建设,为自贸试验区内企业知识产权工作提供高水平服务。发挥杭州互联网法院等服务保障作用,建立健全国际商事多元化纠纷解决机制。打造数据流通安全管理体系,进一步筑牢数据安全底线。运用区块链技术,基于 AI 框架研发隐私计算产品,最大程度保护政府、企业的数据流通安全。探索构建基于"隐私计算＋区块链"可信执行环境安全技术底座,支持隐私计算技术在政务服务、中小微企业金融服务、医疗健康等领域应用。

未来,浙江将以数字化改革为动力,以数字自贸区为载体,围绕数字贸易"458"系统架构,推动打造全球数字贸易中心,不断加强跨境数据流动、数字人民币与数字支付、数字产品或服务的税收、数字贸易市场准入、数字知识产权保护、跨境电商便利化等数字贸易重点领域的规则研究,在数字贸易各领域先行先试,落地更多数字化改革应用场景,进一步扩大对外开放,以更加开放包容的姿态,大胆探索、勇于创新,推动数字贸易高质量发展。

参考文献

[1] Bech M L, Garratt R. Central bank cryptocurrencies. BIS Quarterly Review, 2017(9):55-57.

[2] Coudray L, Judgment of the Court in Case C-101/01, Criminal proceedings against Bodil Lindqvist. Common Market Law Review. 2004, 41(5): 1361-1376.

[3] Koning J P. Evolution in cash and payments: comparing old and new ways of designing central bank payments systems. Cross-Border Payments Networks, and Remittances. R3 Reports. 2017.

[4] Stiglitz J E. Macro-economic management in an electronic credit/financial system. NBER Woking Paper, No. 23032, 2017(1).

[5] Surblyte G. Data-driven economy and artificial intelligence: emerging competition law issue. Wirtschoft and Wettbewerb, 2017, 67:120-126.

[6] 安宝双.跨境数据流动:法律规制与中国方案.网络空间安全,2020(3):1-6.

[7] 巴曙松,姚舜达.央行数字货币体系构建对金融系统的影响.金融论坛,2021,26(4):3-10.

[8] 毕延梅.跨境电商背景下食品灌装包装机械出口企业营销策略研究.山东师范大学学位论文,2020.

[9] 陈家宁,张建文.跨境数据流动治理的中国方案——以《数据安全法(草案)》为视角.长春理工大学学报(社会科学版),2021,34(2):35-40.

[10] 戴振华.论国际数字产品贸易的关税问题.理论观察,2015(8):85-86.

[11] 丁珏."一带一路"背景下浙江农产品跨境电商物流系统优化分析.经济论坛,2017(10):33-36.

[12] 费楚涵,刘家慧,李欣悦.我国跨境电商发展研究综述.价值工程,2019,38(24):291-293.

[13] 费遵颖.我国跨境B2C电商税收征管问题及对策研究.山东财经大学学位论文,2021.

[14] 冯守东,王爱清.数字经济背景下我国税收面临的挑战与应对.税务研究,2021(3):79-83.

[15] 冯永琦,刘韧.货币职能、货币权力与数字货币的未来.经济学家,2020(4):99-109.

[16] 高运根.数字经济背景下的国际税改及其对中国的影响和建议.国际税收,2015(3):12-14.

[17] 龚雪.区块链数字版权保护技术应用前景分析.传播与版权,2018(7):182-184.

[18] 韩杰.持续推动浙江外贸迸发高质量发展新活力.国际商报,2019-10-15(5).

[19] 胡凌.从开放资源到基础服务:平台监管的新视角.学术月刊,2019,51(2):96-108.

[20] 胡文华,孔华锋.欧盟《通用数据保护条例》之中国效应及应对.计算机应用与软件,2018,35(11):309-313.

[21] 胡银云.杭州综试区对跨境电商发展效应研究.浙江理工大学学位论文,2019.

[22] 黄道丽,何治乐.欧美数据跨境流动监管立法的"大数据现象"及中国策略.情报杂志,2017(4):47-53.

[23] 黄国平.数字人民币发展的动因、机遇与挑战.新疆师范大学学报(哲学社会科学版),2022,43(1):129-138.

[24] 李广乾,陶涛.电子商务平台生态化与平台治理政策.管理世界,2018,34(6):104-109.

[25] 李锦.数字化背景下我国B2B跨境电商平台发展问题研究.河北经贸

大学学位论文,2021.

[26] 李凌.平台经济发展与政府管制模式变革.经济学家,2015,(7):27-34.

[27] 李墨丝.CPTPP+数字贸易规则、影响及对策.国际经贸探索,2020,36(12):20-32.

[28] 李晓龙,王健.eWTP 倡议下构建国际贸易规则的探索.国际经贸探索,2018,34(11):102-114.

[29] 李阳.《贸易便利化协定》视域下我国跨境电商发展前景研究.现代营销(经营版),2019(6):126-127.

[30] 廖益新.远程在线销售的课税问题与中国的对策.法学研究,2012,34(2):71-83.

[31] 刘俊敏,郭杨.我国数据跨境流动规制的相关问题研究——以中国(上海)自由贸易试验区临港新片区为例.河北法学,2021,39(7):76-90.

[32] 刘凯,李育,郭明旭.主要经济体央行数字货币的研发进展及其对经济系统的影响研究:一个文献综述.国际金融研究,2021(6):13-22.

[33] 刘如,周京艳.我国数字经济外循环面临的跨境数据流动政策问题与对策.科技中国,2021(4):53-56.

[34] 刘耀华.我国跨境数据流动制度亟待完善.中国经济周刊,2021(7):103-105.

[35] 罗玥.WCO 框架下多部门联动推进跨境电商可持续发展模式探讨.江苏商论,2021(1):56-59.

[36] 孟凡新,涂圣伟.技术赋权、平台主导与网上交易市场协同治理新模式.经济社会体制比较,2017(5):51-59.

[37] 民建中央:关于加快西南大通道建设 推进长江经济带向西开放的提案(摘要).中国经贸导刊,2018(6):11-14.

[38] 师晓丹.美国数字商品税收模式及对我国的启示.法学杂志,2015,36(3):121-128.

[39] 石林.跨境电商贸易便利化相关规则研究.郑州大学学位论文,2018.

[40] 宋爽,刘东民.央行数字货币的全球竞争:驱动因素、利弊权衡与发展

趋势.经济社会体制比较,2021(2):1-11.

[41] 孙方江.跨境数据流动:数字经济下的全球博弈与中国选择.西南金融,2021(1):3-13.

[42] 孙晋.数字平台的反垄断监管.中国社会科学,2021(5):101-127,206-207.

[43] 孙琪.我国跨境电商发展现状与前景分析.商业经济研究,2020(1):113-115.

[44] 田新月.欧盟跨境数据流动法律规制研究.武汉大学学位论文,2020.

[45] 王贵斌,何伟.自贸区背景下跨境电商发展策略研究——以浙江自贸区为例.价格月刊,2018(2):57-60.

[46] 王瑞,顾秋阳,钟冰平.跨境电商需要什么样的贸易便利化?——来自中国 35 个城市跨境电商综试区的证据.浙江学刊,2020(4):100-110.

[47] 王颖.我国跨境电商支付交易的政府监管研究.西南交通大学学位论文,2018.

[48] 王勇,冯骅.平台经济的双重监管:私人监管与公共监管.经济学家,2017(11):73-80.

[49] 王勇,刘航,冯骅.平台市场的公共监管、私人监管与协同监管:一个对比研究.经济研究,2020,55(3):148-162.

[50] 韦大宇,张建民.中国跨境电商综合试验区建设成果与展望.国际贸易,2019(7):18-24.

[51] 魏庆坡,赵藏平.跨境数字产品的税收法律问题研究.北京政法职业学院学报,2021(3):32-40.

[52] 吴刚,韩秉宸.欧盟数字经济发展不均衡.人民日报,2016-08-25(22).

[53] 武西锋,杜宴林.区块链视角下平台经济反垄断监管模式创新.经济学家,2021(8):81-88.

[54] 向红梅.跨境电商个性化服务现状及问题研究.电子商务,2018(7):9-10.

[55] 肖雄.国际贸易体制下数据跨境流动监管之困境//上海市法学会.《上海法学研究》集刊(2021 年第 1 卷 总第 49 卷)——上海市法学会国家

安全法治研究小组文集.2021:23-32.

[56] 徐程锦.WTO 电子商务规则谈判与中国的应对方案.国际经济评论，
2020(3):29-57.

[57] 徐宏潇,马华秀.世界经济数字化转型中的跨国平台垄断及中国应对.
经济学家,2021(6):62-69.

[58] 徐瑛泽.新税改对我国跨境电商零售进口企业的影响和对策研究.江
西财经大学学位论文 ,2020.

[59] 薛杉.网络中介服务提供者知识产权侵权责任的发展与革新.科技与
法律,2015(6):1134-1152.

[60] 延峰,冯炜,崔煜晨.数字经济对国际税收的影响及典型案例分析.国
际税收,2015(3):15-19.

[61] 央广网."浙江知识产权在线"上线 知识产权保护进入数字化改革时
代.https://www.sohu.com/a/463135808_362042,2021-04-26.

[62] 杨雨琦,王昌.区块链数字版权保护系统的设计及应用价值分析.图书
情报导刊,2019,4(9):27-32.

[63] 姚前.法定数字货币的经济效应分析:理论与实证.国际金融研究，
2019(1):16-27.

[64] 张华政.跨境电商对我国进出口贸易的影响研究.北京工业大学学位论
文,2020.

[65] 张金玺.美国网络中介者的诽谤责任与免责规范初探——以《通讯端正
法》第 230 条及其司法适用为中心.新闻与传播研究,2015(1):70-87.

[66] 张乐,王淑敏.法定数字货币:重构跨境支付体系及中国因应.财经问
题研究,2021(7):66-73.

[67] 张茉楠.数字主权背景下的全球跨境数据流动动向与对策.中国经贸
导刊,2020(12):49-52.

[68] 张焯.从加密资产视角探寻中国资本流出的应对策略.武汉大学学报
(哲学社会科学版),2021,74(1):140-147.

[69] 张巍,郭墨.数字经济公平征税的若干问题探析.税务研究,2021(2):
49-54.

［70］张泽平.数字经济背景下的国际税收管辖权划分原则.学术月刊，2015,47(2):84-92.

［71］中国信息通讯研究院,数字贸易发展白皮书(2020年)——驱动变革的数字服务贸易,2020-12.

［72］钟晓雯,孙占利.TFA跨境电商贸易便利化规则:价值、局限与突破.法治社会,2020(1):99-108.

［73］周念利,陈寰琦.基于《美墨加协定》分析数字贸易规则"美式模板"的深化及扩展.国际贸易问题,2019(9):1-11.

［74］周念利,陈寰琦.数字贸易规则"欧式模板"的典型特征及发展趋向.国际经贸探索,2018,34(3):96-106.

［75］周念利,李玉昊.全球数字贸易治理体系构建过程中的美欧分歧.国际视野,2017(9):76-81.

［76］周念利,王千.美式数字贸易规则对亚洲经济体参与RTAs的渗透水平研究.亚太经济,2019(4):30-37.

［77］周念利,吴希贤.美式数字贸易规则的发展演进研究——基于《美日数字贸易协定》的视角.亚太经济,2020(2):44-51.

［78］周文,韩文龙.平台经济发展再审视:垄断与数字税新挑战.中国社会科学,2021(3):103-118,206.

［79］周莹.浅析跨境电子商务在中国的发展现状.中国市场,2017,940(21):166-168.

［80］朱正民."一带一路"视域下浙江小微企业跨境电商发展分析.商展经济,2020(11):25-27.

附录　相关政策制度摘选

附录一　《数字贸易 通用术语》团体标准

（T/ZADT 0001—2021）

数字经济是指以数据资源为关键生产要素，以现代信息网络为重要载体，以信息通信技术融合应用、全要素数字化转型为重要推动力，促进效率提升和经济结构优化升级的新经济形态。数字贸易作为其重要组成部分，是发展外向型数字经济的主要载体，更是新型国际贸易体系的重要组成部分。随着信息技术在商贸活动应用的不断深入，数字贸易发展进入快车道，涌现出许多新名词、新概念。为统一认识和理解，亟需对数字贸易相关术语进行规范和统一。

通过本标准的编制实施①，规范数字贸易通用术语在行业范围内的统一，明确术语所指概念及特征，跨领域、全方位地为数字贸易高质量发展起到基础统领作用，为今后标准体系构建与细化标准的制修订奠定基础，加快形成数字贸易标准的"浙江模式"。

一、综合基础

数字贸易（digital trade）：针对实物商品、数据要素、数字产品、数字化服务等贸易对象，采用数字技术进行研发、设计、生产，并通过互联网等信息

---

① 本标准文件由浙江省国际数字贸易协会、浙江省智能技术标准创新促进会发布。

通信技术手段,为用户交付产品和服务的贸易新形态。

注:数字贸易包括数字服务贸易(数字内容、数字技术)和数字平台贸易(跨境电子商务等),并以数字方式订购和数字方式交付两种模式展开。

数字化(digitizing):以数据驱动为核心、以平台为支撑、以贸易与产业融合为主线的网络化、智能化发展的过程。

注1:数据驱动指依据海量数据,进行决策和行动。

注2:内涵是对贸易主体、贸易对象、贸易方式、贸易平台、贸易监管、贸易服务等方面的数字化。

贸易方式数字化(digitization of trade mode):信息通信技术和现代信息网络与传统贸易融合渗透的过程。

注:贸易方式数字化实现了外贸信息传递的优化、外贸综合服务的转型以及外贸监管模式的创新。

贸易对象数字化(digitization of trade objects):数据和以数据形式存在的产品及服务成为国际贸易中的交易标的物的过程。

注:贸易对象数字化使服务可以存储复制、易于远程交付。

数字商品贸易(trade in digital commodity):运用信息通信技术和现代信息网络开展的线上询价、交易、结算等的实物商品贸易。

注:实物商品作为贸易标的物。

数字服务贸易(trade in digital services):通过信息通信网络(语音和数据网络等)传输,借助数字化手段为客户提供服务的贸易形式。

注:数据、数字产品、数字化服务等作为贸易标的物。

数字产品(digital products):为商业销售或分销而制作、通过信息通信技术和现代信息网络运送的产品,包括依托于一定的物理载体存在的虚拟产品。

数字化服务(digital services):以数字技术为支撑,借助数字化手段为客户提供的服务。

数字平台(digitization platform):为满足订购、交付等过程需要,基于数字技术搭建的贸易平台。

示例:全球速卖通、亚马逊、雅虎等。

注:数字平台是数字贸易中信息形成、汇聚和交换的枢纽。

数字技术(digital technology):借助一定的设备将各种信息,包括图、文、声、像等,转化为电子计算机能识别的数据格式后进行运算、加工、存储、传送、传播、还原的技术。

示例:区块链、大数据、云计算等。

注:数字技术可作为数字贸易标的物。

数字订购(digitization ordering):通过信息通信技术和现代信息网络购买商品或服务过程。

注1:包括商品货物类数字订购和服务贸易类数字订购。

注2:特征包括:

A)订购主体可以是企业、个人、政府和其他机构;

B)订购方式涵盖了所有通过网络贸易(无纸贸易,EDI)进行的订单;

C)订购渠道主要通过平台形式实现,也可通过公司网站直接实现订购。

数字交付(digitization delivery):通过信息通信技术和现代信息网络,以电子可下载格式或在线终端远程交付产品、服务的过程。

注:交付内容包括数字技术服务、数字内容服务和其他可数字交付的服务。

数据要素(data elements):以大数据为代表,为使用者或所有者带来经济效益的信息资源。

注:数据要素已被纳入主要生产要素范畴,与土地、技术、劳动力、资本等传统生产要素并列。

数据产业链(industrial chain of data):基于产业活动内在的经济技术联系,并依据特定的逻辑关系和时空布局关系,客观形成的链条式咬合关系形态。

注:包括数据基础支撑产业层、数据服务产业层和数据融合应用产业层三个层次。

A)数据基础支撑产业层是核心,具体涉及云计算产业等数据采集和分析等软件产业,网络、存储等硬件设施产业。

B)数据服务产业层提供前端的数据采集、中端的流处理、批处理,末端的数据可视化,以及贯穿始终的数据安全辅助性服务产业。

C)数据融合应用产业层包括通用性的营销大数据产业(企业),为政府、工业、农业、金融、电信等行业提供数据转型整体解决方案的产业(企业)。

数字化管理(digitizing management):利用信息通信技术和现代信息网络,通过管理对象与管理行为,实现研发、计划、组织、生产、协调、销售、服务、创新等职能的管理活动和方法。

数字供应链(digitizing supply chain):通过信息通信技术、现代信息网络及实时数据交互,以数字化和数据模型为业务的基本载体,对供应链信息数据进行收集、分析、反馈和预测的一种新型供应链运营模式。

注:供应链指生产及流通过程中,围绕核心企业,将所涉及的原材料供应商、制造商、分销商、零售商直到最终用户等成员通过上游和下游成员链接所形成的网链结构。

数据跨境流动(cross-border flows of data):数据进行跨越关境的传输、处理与存储过程。

注:数据流动具有从端点形成各种数据源,再大多数通过服务器进入数据中心进行存储的基本特点。

二、数字商品与服务

数字内容服务(digital content services):将图片、文字、视频、音频等信息内容运用数字化技术进行加工处理并整合应用的服务。

注:包括数字电影、数字音乐、视频游戏、软件等在内的数字化信息服务。

数字媒体(digital media):将数字化的内容作品,通过完善的服务体系,分发到终端和用户进行消费的信息载体。

注:包含但不限于数字化的文字图形、图像、声音、视频影像及其编码过程,以及起到存储、传输、显示作用的实物媒体。

数字影音(digital audio and video):以数字格式制作并存储,以数字技术整合,以互联网为平台进行传输、播放的视频、电影、电视剧、动漫、音乐等作品。

数字游戏(digital games):以数字技术为手段设计开发、以数字化设备为平台实施的各种游戏。

注:数字游戏的称谓具有兼容性,是许多种不同媒介的集合。

数字展览(digitizing exhibition):利用信息通信技术和现代信息网络展示、陈列商品,从而促进商品推销的市场活动。

注1:基础为展品和展览空间的数字化。

注2:旨在实现不同展品、参展方和参观者之间的内容共建、信息共享、互动体验等。

数字出版(digitizing publishing):以互联网为流通渠道,以数字内容为流通介质,以线上支付为主要交易手段的出版和发行方式。

注:产品形态主要包括电子图书、数字报纸、数字期刊、网络原创文学、网络教育出版物、网络地图、数字音乐、网络动漫、网络游戏、数据库出版物、手机出版物等。

数字金融(digitizing finance):将信息通信技术、现代信息网络手段与传统金融服务业态相结合的新型综合金融服务。

注:包括互联网支付、移动支付、网上银行、金融服务外包及网上贷款、网上保险、网上基金等金融服务。

数字教育(digitizing education):运用信息通信技术和现代信息网络,开发教育资源,优化教育过程,以培养和提高学习者信息素养为重要目标的一种新型教育方式。

注:具有数字化、集成性、开放性、共享性、交互性、虚拟性等特征。

数字医疗(digitizing medical treatment):运用信息通信技术和现代信息网络对传统医疗过程、医疗体系进行变革的一种新型医疗运作方式。

注:特征包括医疗设备的数字化及网络化、医疗管理的信息化、医疗服务的个性化等。

数字旅游(digital tourism):以网络为载体,以数字技术和信息通信技术与旅游业的深度融合而形成的新产业形态。

注:特征包括分享广泛化、交互高效化、体验质感化、信息便捷化等。

数字安防(digital security)：从流动目标个体的数字化信息切入、加强日常事务管理入手，对人员、物品、信息和资金的流动进行自动监控管理，并能快速进行判断的安全防范方式。

注1：安防技术核心包含但不限于以识别目标的数字化编码信息、数字化特征信息等。

注2：特征包括形态高度专业化、来源丰富、信息量大、使用便捷等。

数据交易(transaction of data)：数据供方和需方之间以数据商品作为交易对象，进行的以货币或货币等价物交换数据商品的行为。

注1：数据商品包括用于交易的原始数据或加工处理后的数据衍生产品。

注2：数据交易包括以大数据或其衍生品作为数据商品的数据交易，也包括以传统数据或其衍生品作为数据商品的数据交易。

技术贸易(trade in technology)：技术供求双方按照一定的商业条件买卖数字技术的商业行为。

许可贸易(licensing trade)：数字技术许可方将其交易标的物的使用权，通过许可证协议或合同的方式转让、授权给数字技术接受方的一种贸易方式。

注1：许可贸易的主体为专利权人、商标权人或专有技术所有人。

注2：许可贸易涉及专利技术、注册商标或专有数字技术的使用权、数字产品制造权、数字产品销售权或数字产品进口权。

数字知识产权(digital intellectual property)：以虚拟形式为载体，以数字化形式存储和传播的知识产权。

注：具有无限复制、传播容易、形式多样和携带方便等特点。

数字支付(digital payment)：运用信息通信技术和现代信息网络等数字技术(3.10)及硬件设施实现的支付方式。

注：包括通过数字货币或电子钱包进行的消费支付、金融支付、个人支付及其他支付交易。

数字贸易营商环境(business environment of digital trade)：影响数字贸易业务开展的外在因素和条件。

注:营商环境分为硬环境和软环境。

A)硬环境是指受市场供求关系影响的数据、土地、劳动力、资本等生产要素以及宽带网络、水电气供应、道路交通等基础设施条件等。

B)软环境是指受经济社会环境影响的客观要素,如市场环境、法治环境、政务环境、人文环境、网络环境等。

三、数字平台相关

跨境电子商务(cross-border E-commerce):通过电子商务平台达成交易、进行支付结算,并通过跨境物流送达、完成交易的电子商务活动。

注1:电子商务是指通过信息网络进行产品和服务交易的经营活动。

注2:电子商务平台是指在电子商务中为交易双方或多方提供网页空间、虚拟经营场所、交易及交易撮合、信息发布、资金支付等部分或全部服务的信息网络系统。

注3:特征包括全球性、无形性、匿名性、即时性、无纸化、快速演进等。

数字化新零售(digitizing of new retailing):个人、企业以互联网为依托,通过运用大数据、人工智能等数字技术手段,对商品的流通与销售过程进行升级改造,进而重塑业态结构与生态圈,并对线上服务、线下体验以及现代物流进行深度融合的新型零售模式。

生产厂家对消费者(Manufacturers To Consumers,M2C):生产厂家直接对消费者提供自己生产的产品或服务的一种商业模式。

注1:特点是流通环节减少至一对一,销售成本降低,从而保障了产品品质和售后服务质量。

注2:发展基础是互联网络和地面渠道的有效优势互补。

线上到线下(Online to Offline,O2O):通过互联网发现、预订、购买商品和服务,到线下实体店体验消费的行业模式。

示例:苏宁云商、京东、美团网等。

多渠道网络(multi-channel network,MCN):信息平台与内容创作者之间的中介组织,特指经纪公司。

注:组织参与活动包括经营和经纪活动。

A)经营活动指网络表演内容的组织、制作、营销等。

B)经纪活动指网络表演者的签约、推广、代理等。

网络直播营销(live streaming marketing):通过网络视频形式将实时产品、服务信息传送给消费者的社会化营销方式。

社交电商(social E-commerce):借助社交网站、社交媒介、网络媒介的传播途径,通过社交互动、用户自生内容等手段来辅助商品和服务的购买和行为。

直播电商(live stream E-commerce):利用即时视频、音频通信技术同步对商品或者服务进行介绍、展示、说明、推销,并与消费者进行沟通互动,以达成交易为目的商业活动。

独立站(independent E-commerce platform):不属于任何第三方电商平台,拥有独立销售渠道的平台。

注1:拥有独立的域名、空间、页面。

注2:平台推广所带来的流量、品牌印象、知名度等完全由独立站所有。

第三方支付(third-party payment):通过第三方独立机构进行资金的管理、代理、中转的支付手段。

注:第三方独立机构不具有资金的所有权。

第三方跨境支付(third-party cross-border payment):第三方支付机构通过银行、网联等平台为电子商务交易双方提供跨境支付的服务。

数字物流(E logistics):在贸易过程中,应用数字技术对物流所涉及的对象和活动进行表达、处理和控制,为贸易过程的相关成员提供高效服务。

注1:数字技术具体包括仿真和虚拟现实、计算智能、计算机网络、数据库和多媒体等支撑技术。

注2:特征包括信息化、网络化、智能化、集成化和可视化等。

数字清关(digital customs clearance):综合应用信息通信技术和现代信息网络,对订单、支付、物流等原始数据自动采集,自动生成报关数据,并自动计税,实现邮件、快件、跨境电子商务渠道的无障碍通关。

智能仓储(smart warehousing):运用信息通信技术和现代信息网络,实现入库、出库、盘库、移库管理的信息自动抓取、识别、预警及智能管理功能的仓储管理模式。

海外仓(overseas warehouse):跨境电子商务出口卖家为提升订单交付能力而在境外接近买家的地区设立的仓储物流节点。

注1:功能包括境外货物储存、流通加工、本地配送、售后服务等。

注2:经营主体包括但不限于卖家自营、第三方物流服务商经营、电商平台运营商经营。

保税仓(bonded warehouse):由海关批准设立的供进口货物储存而不受关税法和相关进口管制条例管理的仓库。

注:分为公用型、自用型和专用型。

A)公用型指由主营仓储业务的中国境内独立企业法人经营,专门向社会提供保税仓储服务;

B)自用型指由特定的中国境内独立企业法人经营,仅存储供本企业自用的保税货物;

C)专用型指保税仓库中专门用来存储具有特定用途或特殊种类商品的仓库。

保税仓备货(bonded warehouse stocking):跨境电子商务企业通过集中海外采购,统一由海外发至国内保税仓库,当消费者网上下单时由物流公司直接从保税仓配送至客户的一种物流模式。

全球数字贸易中心(Global Digital Trade Center):集聚大量数字平台型、数字技术型,以及数字内容型高质量企业,数字平台业务覆盖全球、数字技术达到世界一流水平以及数字贸易规则辐射全球的城市或地区。

注:具备规则引领、行业领先、产业集聚和应用创新等特征。

数字自贸区(Digital Free Trade Zone):以数字化改革为引领,构建集确权、加工、存储、交易、监管的数据产业链,发展数字贸易、数字产业、数字金融、数字物流、数字治理,实现更高水平的贸易、投资、运输、人员、资金自由化便利化和建成跨境数据安全有序流动的战略高地。

数字综保区(Digital Comprehensive Bonded Area):以综合保税区为载体,引入物联网、数字围网等先进监管理念和技术,创新数字贸易监管模式,提供关、检、汇、税等政务服务以及贸易、物流、金融等商务服务的海关特殊监管区域。

注:数字围网指综合应用现代信息技术手段建立的虚拟监控体系。

数字贸易先行示范区(Digital Trade Demonstration Area):以贸易数字化转型为主线,围绕新模式、新业态打造云服务、数字内容服务、跨境电子商务等优势领域,推动数字贸易国际化发展,形成与国际接轨的高水平数字贸易开放体系的重要载体。

四、数字支撑技术

数据(data):为适合人或计算机进行通讯、解释或处理而以某种正式方式表达的信息。

元数据(metadata):关于数据或数据元素的数据(可能包括其数据描述),以及关于数据所有权、存取路径、访问权和数据易变性的数据。

数据确权(confirmation of data right):经过数据申报、权属调查、审核批准、登记注册、发放证书等程序,确认数据的所有权、占有权、使用权、受益权等隶属关系的过程。

注1:内容包含但不限于:

A)判定数据的权利属性,明确应当给予数据以何种权利保护;

B)判定数据的权利主体,明确数据利益的享有者;

C)判定数据的权利内容,明确数据主体可以享有的权能类型。

注2:旨在实现用户隐私保护和数据驱动经济发展之间的平衡。

数据挖掘(data mining):从大量的数据中通过算法搜索隐藏于其中信息的过程。

注:一般通过包括统计、在线分析处理、情报检索、机器学习、专家系统(依靠过去的经验法则)和模式识别等方法来实现。

数据采集(data acquisition):从数据源中得到原始数据,通过标准化处理并转化为满足数据共享和与利用需求的过程。

数据清洗(data cleansing):运用一定方法发现并修正数据文件中可识别的错误,提高数据质量的过程。

注:过程包括但不限于:

A)数据分析；

B)定义清洗规则；

C)执行数据清洗规则；

D)清洗结果验证。

数据加工(data processing)：根据特定的社会生产服务要求,对业务系统的原始数据进行抽取、清洗、转换、加载,整合零散、不标准、不统一的数据的过程。

注：术语"数据加工"不能用作"数据处理"的同义词,数据处理指数据操作的系统执行。

数据存储(data storage)：对数据流在加工过程中产生的临时文件或加工过程中需要查找的信息,以及加工后的数据信息进行存储。

注：反映系统中静止的数据,表现出静态数据的特征。

数据流通(data circulation)：以数据信息系统中存储的数据作为流通对象,按照一定规则从供应方传递到需求方的过程。

个人信息保护(personal information protection)：依据法律法规,对可为信息系统所处理、与特定自然人相关、能够单独或通过与其他信息结合识别该特定自然人的计算机数据进行保护,以维护个人信息主体的隐私的过程。

个人信息生命周期(the life cycle of personal information)：包括个人信息主体收集、保存、使用、委托处理、共享、转让和公开披露、销毁个人信息在内的全部流程。

去标识化(de-identification)：个人信息经过处理,使其在不借助额外信息的情况下无法识别特定自然人的过程。

明示同意(express consent)：个人信息主体通过书面、口头等方式主动作出纸质或电子形式的声明,或者自主作出肯定性动作,对其个人信息进行特定处理作出明确授权的行为。

用户画像(user portrait)：通过收集、汇聚、分析个人信息,对某特定自然人个人特征,如职业、经济、健康、教育、个人喜好、信用、行为等方面作出分析或预测,形成其个人特征模型的过程。

注：旨在为用户提供有针对性的服务。

大数据(big data)：具有体量巨大、来源多样、生成极快、多变等特征并且难以用传统数据体系结构有效处理的包含大量数据集的数据。

注：国际上，大数据的四个特征普遍不加修饰地直接用 volume、variety、velocity 和 variability 予以表述，并分别赋予了它们在大数据语境下的定义：

A)体量(volume)：构成大数据的数据集的规模；

B)多样性(variety)：数据可能来自多个数据仓库、数据领域或多种数据类型；

C)速度(velocity)：单位时间的数据流量；

D)多变性(variability)：大数据其他特征，即体量、速度和多样性等特征都处于多变状态。

云计算(cloud computing)：通过网络访问可扩展的、灵活的物理或虚拟共享资源池，并按需自助获取和管理资源的模式。

注：资源包括服务器、操作系统、网络、软件、应用和存储设备等。

云服务(cloud services)：通过云计算已定义的接口提供的一种或多种解决贸易各场景应用的能力。

注：云服务资源包括服务器、操作系统、网络、软件、应用和存储设备等。

智能计算(smart computing)：借用自然界生物界规律的启迪根据其原理模仿设计求解问题的算法。

注1：具备辅助处理贸易全流程中各式问题、具有独立思考能力的系统。

注2：包括遗传算法、模拟退火算法、混合智能算法、神经网络、量子计算、数据挖掘、智能计算与优化等。

注3：特征包括：

A)持续进化，即自我智能管理与升级的能力；

B)环境友好，即与地理环境位置无关的随地部署、无缝连接与高效协同；

C)开放生态，即产业上下游多方均可广泛参与，共创共享人工智能红利。

区块链(blockchain):使用密码技术将共识确认过的区块按顺序追加而形成的分布式账本。

物联网(internet of things):通过感知设备,按照约定协议,连接物、人、系统和信息资源,实现对物理和虚拟世界的信息进行处理并作出反应的智能服务系统。

注:物即物理实体。

人工智能(artificial intelligence,AI):一门交叉学科,通常视为计算机科学的分支,研究表现出与人类智能(如推理和学习)相关的各种功能的模型和系统。

附录二 《浙江跨境电子商务高质量发展行动计划》

浙政办发〔2021〕32号

为贯彻落实党中央、国务院关于推进贸易高质量发展的决策部署,培育我省对外贸易竞争新优势,特制定本行动计划。期限为2021—2023年。

一、总体要求

加快推进我省跨境电子商务供应链智慧化、贸易便利化和服务优质化,把跨境电子商务打造成为我省参与双循环的新动力、开展制度创新的新引擎和稳外贸的重要支柱。全省跨境电子商务进出口总额突破5000亿元、年均增长30%以上;培育和引进5家以上年交易规模逾百亿元的跨境电子商务平台、50家以上年销售规模逾10亿元的标杆企业、500家以上年销售规模逾亿元的"金牌卖家"和5万家以上出口活跃网店,跨境电子商务知名品牌达到200个以上。聚焦国际贸易新渠道、新主体、新品牌、新队伍、新空间,将我省建设成为平台集聚、主体云集、服务高效、生态完善的跨境电子商务强省。

二、主要任务

(一)大力支持跨境电子商务平台发展,打造国际贸易新渠道

1.发展各类跨境电子商务平台。培育和引进综合性电子商务平台,带

动制造商、贸易商、服务商以及支付、物流企业发展,完善跨境电子商务生态圈。鼓励有条件的企业自建行业性垂直平台和独立站,培育自主品牌、自有渠道、自有用户群,提升核心竞争力。〔责任单位:省商务厅,各市、县(市、区)政府。列第一位的为牵头单位,下同〕

2.加强与境外跨境电子商务平台合作。鼓励国际主流、区域性跨境电子商务平台在浙江设立运营服务机构,建立服务浙江企业的沟通维权机制,开展多维度资源对接。支持我省企业通过收购或参股等方式在境外建设跨境电子商务平台,有机融入当地贸易生态圈。(责任单位:省商务厅)

(二)培育龙头企业和中小网商,打造国际贸易新主体

3.壮大应用主体规模。加大对细分类目销售冠军企业的培育力度,大力招引头部企业在浙江设立总部或区域总部。支持传统外贸、制造和流通企业通过开展跨境电子商务推动数字化转型。支持专业批发市场向线上线下互动、内外贸一体化方向发展。支持老字号、历史经典产品等拓展海外线上市场。鼓励创业青年积极投身跨境电子商务创业创新。〔责任单位:省商务厅、省人力社保厅、省市场监管局、团省委,各市、县(市、区)政府〕

4.推进"产业集群+跨境电子商务"发展。以打造品牌、构建产业链供应链为抓手,建设好省级产业集群跨境电子商务发展试点。加快提升制造业数字化、智能化水平,为适应跨境电子商务小单、高频、定制等特点提供支撑。支持符合条件的跨境电子商务企业申报认定高新技术企业。〔责任单位:省商务厅、省经信厅、省科技厅、省财政厅,各市、县(市、区)政府〕

(三)支持数字化营销,打造自主国际新品牌

5.推动企业品牌化、品质化发展。支持跨境电子商务企业开展境外商标注册和国际认证,鼓励有条件的企业收购外国知名品牌。引导企业加强维修、退换货等售后服务能力,提升消费者满意度。(责任单位:省商务厅、省市场监管局、杭州海关、宁波海关)

6.推进数字化营销。支持企业借助境外社交媒体、搜索引擎、短视频等开展品牌推广。推广跨境直播新模式,鼓励跨境电子商务平台、商家上线直播。探索开辟商用跨境网络通道。支持跨境电子商务平台开辟浙江商家专区。大力发展线上展会,打响"浙江出口网上交易会"品牌。(责任单位:省

商务厅、省委网信办)

(四)加快人才培养和引进,打造国际贸易新队伍

7.加强人才培养和社会培训。构建政府、高校、社会、企业多方联动的跨境电子商务人才培养体系。鼓励高校成立跨境电子商务学院或设立相关专业,支持社会培训机构开展跨境电子商务技能培训。(责任单位:省教育厅、省人力社保厅、省商务厅)

8.壮大多层次人才队伍。把跨境电子商务相关领域人才纳入紧缺人才目录,鼓励各地出台更大力度的住房、就医、就学等方面人才配套政策。鼓励企业引进高层次人才,运用激励措施更好留住人才、用好人才。组织开展企业家跨境电子商务专项培训,提升企业家数字化应用能力。把跨境电子商务知识纳入党政领导干部培训内容,提升政府部门管理服务能力。[责任单位:省委组织部、省人力社保厅、省商务厅,各市、县(市、区)政府]

(五)扩大开放合作,开创高质量发展新空间

9.加强国际交流合作。借助中国—中东欧国家博览会等经贸平台开展跨境电子商务推介、招商和贸易活动。加强与各类投资和贸易促进机构合作,拓展境外工作联系网络。(责任单位:省商务厅、省外办、省贸促会,各市、县〔市、区〕政府)

10.推进区域跨境电子商务协作。加强省内外海关合作,便利我省以跨境电子商务监管方式报关的货物到省外转关。支持义乌市打造长三角地区铁路运邮中转中心,支持宁波市发挥海运物流优势,扩大优质服务输出。(责任单位:省商务厅、省交通运输厅、杭州海关、宁波海关、省邮政管理局)

11.探索国际规则和标准合作。探索跨境数据有序流动等方面的规则,参与世界海关组织、世界贸易组织等对电子商务规则的研究。在中国—中东欧国家合作机制等国际合作对话机制下,探索共建跨境电子商务规则。发挥国际标准化组织电子商务交易保障技术委员会作用,支持行业协会、企业研制相关标准和技术规范。(责任单位:省市场监管局、省委网信办、省商务厅、杭州海关、宁波海关)

(六)推进供应链智慧化

12.构建跨境电子商务物流体系。打造与跨境电子商务发展相适应的

公海铁空立体式物流通道。加快发展国际快船、中欧班列等运输模式,开辟更多跨境电子商务专线。加快构建国际快递智能骨干网络,推进国际邮件互换局和国际快件监管中心省内布局,提升邮快件集散能力。培育和引进龙头快递物流服务商,鼓励建设集货仓。[责任单位:省交通运输厅、省商务厅、省邮政管理局,各市、县(市、区)政府]

13.加强航空物流通道建设。优化全省货运机场货运功能和空间规划布局。加大国际航线开发力度,构建横向错位、纵向分工、国内通达、全球可达的航空货运协作网络。提升航空口岸货物安检和通关效率,逐步实现24小时预约通关。(责任单位:省交通运输厅、杭州海关、宁波海关、省邮政管理局、民航浙江安全监管局、省机场集团)

14.大力建设海外仓。鼓励企业通过自建或租赁等方式建设海外仓,提升海外仓体系化综合服务能力。强化境外资源共享,深化省级公共海外仓建设,扩大企业服务面。[责任单位:省商务厅、省邮政管理局,各市、县(市、区)政府]

15.积极发展供应链金融。深化供应链创新与应用试点,探索建立跨境数字供应链协同平台。鼓励银行创新金融产品,探索开展各类电子商务贷款业务。研究推出出口信保新模式。推动上规模的电子商务企业进入资本市场。(责任单位:人行杭州中心支行、省商务厅、省地方金融监管局、浙江银保监局、宁波银保监局)

(七)推进贸易便利化

16.深化监管体制机制创新。完善国际贸易"单一窗口",创新监管方式,提升跨境电子商务通关便利化水平。推进跨境电子商务与市场采购等外贸新业态融合发展,便利跨境电子商务货物出口。推动完善现有监管模式下税收、外汇等方面的配套政策,积极向国家相关部委争取先行先试政策。(责任单位:杭州海关、宁波海关、省税务局、人行杭州中心支行)

17.便利跨境电子商务支付结算。支持电子商务企业通过银行系统直联模式办理收结汇业务,允许电子商务企业凭交易电子信息进行跨境结算,鼓励使用人民币计价结算,降低结算成本。引导非银行支付机构提供多元化电子商务领域支付服务。(责任单位:人行杭州中心支行)

18.培育跨境电子商务进口新优势。积极争取进口正面清单扩增、购买限额提高和医药等特殊品类商品准入管理试点政策。加快推进保税仓储设施建设。探索跨境电子商务零售进口业态创新,发展保税仓直播销售等模式。优化退货流程,建立高效、安全、便捷的跨境电子商务进出口退货通道。抓好质量安全风险监测,创新商品溯源方式,加强消费者权益保护。(责任单位:省商务厅、省市场监管局、杭州海关、宁波海关)

(八)推进服务优质化

19.提供优质公共服务。完善跨境电子商务综合试验区线上综合服务平台。鼓励建设公共服务中心。支持各方参与服务体系建设,加强资源整合,打造本地化全链条服务。推动区块链、人工智能、5G等新技术应用,探索解决跨境信息流、物流、资金流中存在的信用、支付等方面问题。[责任单位:省商务厅、省经信厅、省科技厅,各市、县(市、区)政府]

20.建设跨境电子商务产业园。强化土地等要素保障,鼓励各地规划建设一批产业特色鲜明、功能配套完善的跨境电子商务产业园。招引大型平台建设线下产业园。推荐优秀的产业园参评国家电子商务示范基地。[责任单位:省商务厅、省经信厅、省自然资源厅、杭州海关、宁波海关、省邮政管理局,各市、县(市、区)政府]

(九)营造良好的发展环境

21.创新治理机制。坚持包容审慎的监管原则,加快推进商务信用体系和重要产品追溯体系建设,建立健全基于信用评价的分类管理机制。支持杭州互联网法院、跨境电子商务商品质量安全风险监测国家中心、商事仲裁机构建设,进一步完善治理体系。(责任单位:省商务厅、省司法厅、省市场监管局、杭州海关、宁波海关)

22.加强组织保障。各市、县(市、区)政府要承担起推进跨境电子商务发展的主体责任,强化财政支持,完善配套政策。省电子商务工作领导小组各成员单位要主动服务,推进重大事项、关键政策和制度创新,及时协调解决问题。

后 记

数字贸易是全球贸易领域的新兴议题,相较于货物贸易、服务贸易,提出的时间尚短,各国尚未形成统一的认识,国内也存在不同的解读。在数字贸易发展开局起步之际,本书希望借助概念内涵、重点领域、政策举措等内容探讨,在数字贸易领域发出"浙江声音",把浙江推动数字贸易发展的碎片化实践,上升为较为系统的理论认识,在数字贸易飞速发展过程中努力做好理论支撑工作。

本书的撰写,得到了各位领导和专家学者的支持。其中,浙江省商务厅副厅长张钱江对本书的撰写给予了细心、细致的学术指导,浙江省商务研究院孟祖凯、李涵、李容柔、范蕊、周禄松、张希明等同事,浙江财经大学吴宏、刘毅群、冯阔、郭志芳、蔡婉琳、金星等学者,为本书编写提供了大量的宝贵意见。在此一并表示感谢!

本书在撰写过程中,充分吸收和借鉴了商务部、中国信息通信研究院等相关单位的观点,书中数据大多使用海关总署、联合国贸易与发展会议等单位或机构的权威资料,文献引用尽可能说明来源,但难免存在个别疏漏。如发现未予注明,我们先致歉意,欢迎您联系我们并批评指正。

由于数字贸易是新生事物,涉及方面众多,作者所掌握的资料和研究水平有限,本书还存在不少改进空间。书中内容如有不准确或不妥之处,欢迎各位读者不吝赐教。

刘玲

2022 年 7 月

图书在版编目（CIP）数据

2021 数字贸易发展研究 / 刘玲著. —杭州：浙江
大学出版社，2022.7
ISBN 978-7-308-22798-8

Ⅰ.①2… Ⅱ.①刘… Ⅲ.①国际贸易—电子商务—
研究—中国 Ⅳ.①F724.6

中国版本图书馆 CIP 数据核字(2022)第 118352 号

2021 数字贸易发展研究

刘 玲 著

策划编辑	吴伟伟	
责任编辑	陈 翮	
文字编辑	葛 超	
责任校对	丁沛岚	
封面设计	续设计	
出版发行	浙江大学出版社	
	（杭州市天目山路 148 号　邮政编码 310007）	
	（网址：http://www.zjupress.com）	
排　　版	杭州青翊图文设计有限公司	
印　　刷	广东虎彩云印刷有限公司绍兴分公司	
开　　本	787mm×1092mm　1/16	
印　　张	11.75	
字　　数	180 千	
版 印 次	2022 年 7 月第 1 版　2022 年 7 月第 1 次印刷	
书　　号	ISBN 978-7-308-22798-8	
定　　价	68.00 元	